Mario Quintana

CANÇÕES

SEGUIDO DE

SAPATO FLORIDO E

A RUA DOS

CATAVENTOS

QUINTANA PO

1- Signo do Leão (30 de

po Azt

o a mã

passo

de te

afugen

Mario Quintana

CANÇÕES SEGUIDO DE SAPATO FLORIDO E A RUA DOS CATAVENTOS

ALFAGUARA

Copyright © 2012 by Elena Quintana de Oliveira

Todos os direitos desta edição reservados à
EDITORA OBJETIVA LTDA.
Rua Cosme Velho, 103
Rio de Janeiro – RJ – CEP: 22241-090
Tel.: (21) 2199-7824 – Fax: (21) 2199-7825
www.objetiva.com.br

COLEÇÃO MARIO QUINTANA

ORGANIZAÇÃO
Italo Moriconi

PROJETO DE CAPA E MIOLO
Mariana Newlands

MANUSCRITOS DE CAPA E MIOLO
Acervo Mario Quintana/Acervo Instituto Moreira Salles

REVISÃO
Raquel Correa
Mariana Freire Lopes

EDITORAÇÃO ELETRÔNICA
Abreu's System Ltda.

PRISA EDIÇÕES

CIP-BRASIL. CATALOGAÇÃO NA FONTE
(SINDICATO NACIONAL DOS EDITORES DE LIVROS, RJ, BRASIL)

Q67c
 Quintana, Mario
  Canções seguido de Sapato florido e A rua dos cataventos / Mario Quintana. – Rio de Janeiro: Objetiva, 2012.
  238p.   ISBN 978-85-7962-145-1

  1. Poesia brasileira. I. Título. Canções. II. Título: Sapato florido. III. Título: Rua dos cataventos.

12-3869.   CDD: 869.91
           CDU: 821.134.3(81)-1

Sumário

13   **Contar carecas na plateia**
       Adriana Lisboa

17   **Canções**

19   *Canção da primavera*
20   *Canção de vidro*
21   *A canção que não foi escrita*
22   *Canção de um dia de vento*
24   *Canção paralela*
25   *Canção azul*
26   *Canção de outono*
27   *Canção da noite alta*
28   *Canção do desencontro no terraço*
29   *Canção de garoa*
30   *Canção de nuvem e vento*
32   *Canção meio acordada*
33   *Canção de domingo*
34   *Canção de junto do berço*
35   *Canção da aia para o filho do rei*
37   *Canção de torna-viagem*
38   *Canção de bar*
40   *Canção de inverno*
41   *Canção ballet*

43	*Canção do dia de sempre*
45	*A canção da menina e moça*
46	*Canção do suicida*
47	*Canção do charco*
49	*Canção da chuva e do vento*
50	*Canção da janela aberta*
51	*Canção de muito longe*
52	*Segunda canção de muito longe*
54	*Canção da ruazinha desconhecida*
55	*Pequena crônica policial*
57	*Canção dos romances perdidos*
58	*Canção para uma valsa lenta*
59	*Canção de baú*
60	*Canção do amor imprevisto*
61	*Canção do primeiro do ano*
63	*Canção de barco e de olvido*

65	**Sapato florido**
69	*Das metamorfoses*
70	*O milagre*
71	*Epígrafe*
72	*Da paginação*
73	*Os vira-luas*
74	*Momento*
75	*Bar*
76	*O estranho caso de Mister Wong*
77	*Chão de outono*
78	*A vingança*
79	*Puríssima*

80	*Objetos perdidos*
81	*Provérbio*
82	*Horror*
83	*Triste época*
84	*Arte de fumar*
85	*Do inédito*
86	*Telegrama a Lin Yutang*
87	*Crise*
88	*Meu trecho predileto*
89	*Paisagem de após-chuva*
90	*Prosódia*
91	*Clopt! Clopt!*
92	*Só para si*
93	*A companheira*
94	*Feliz!*
95	*Janela de abril*
96	*Viração*
97	*Carreto*
98	*O paraíso perdido*
99	*Sinais dos tempos*
100	*Parábola*
101	*Os máscaras*
102	*O poema*
103	*Comunhão*
104	*A adolescente*
105	*Passarinho empalhado*
106	*Gare*
107	*Estufa*
108	*Aventura no parque*
109	*O espião*

110	*Aparição*
111	*Inferno*
112	*A bela e o dragão*
113	*Epílogo*
114	*Quem bate?*
115	*Trágico acidente de leitura*
116	*Envelhecer*
117	*Exegese*
118	*Perversidade*
119	*Fatalidade*
120	*Quien supiera escribir!*
121	*Que haverá no céu?*
122	*Cântico dos cânticos*
123	*Velha história*
124	*Da dúvida*
125	*Do tempo*
126	*Intercâmbio*
127	*A princesa*
128	*O cachorro*
129	*Da humilde verdade*
130	*Mudança de temperatura*
131	*Boca da noite*
132	*Está na mesa*
133	*Cozinha*
134	*Haikai da cozinheira*
135	*Mentiras*
136	*Mentira?*
137	*Noturno*
138	*Pés de fora*
139	*Sono*

140	*Interlúdio*
141	*Antemanhã*
142	*Ouverture*
143	*O despertar do egotista*
144	*O despertar dos amantes*
145	*Viver*
146	*O vento*
147	*Passeio*
148	*Calçada de verão*
149	*Construção*
150	*Da cor*
151	*Topografia*
152	*Viagem*
153	*Pequenos tormentos da vida*
154	*O susto*
155	*Cruel amor*
156	*Os fantasmas do passado*
157	*As falsas recordações*
158	*Ventura*
159	*Reminiscências*
160	*Comentário ouvido num bonde*
161	*Dos velhos hábitos*
162	*Margraff*
163	*História*
164	*RBTD*
165	*O recurso*
166	*Apocalipse*
167	*Ananias*
168	*O desinfeliz*
169	*O misantropo*

170	*Triste mastigação*
171	*Solo*
172	*Noturno da viação férrea*
173	*Tableau!*
174	*Do sobrenatural*
175	*Desespero*
176	*O sapo verde*
177	*O cágado*
178	*Filó*
179	*O lampião*
180	*Estampa*
181	*Crianças gazeando a escola*
182	*Conto cruel*
184	*Entre as enormes ruínas*
185	*O anjo Malaquias*
187	**A RUA DOS CATAVENTOS**
189	*Escrevo diante da janela aberta.*
190	*Dorme, ruazinha... É tudo escuro...*
191	*Quando os meus olhos de manhã se abriram,*
192	*Minha rua está cheia de pregões.*
193	*Eu nada entendo da questão social.*
194	*Na minha rua há um menininho doente.*
195	*Avozinha Garoa vai contando*
196	*Recordo ainda... E nada mais me importa...*
197	*É a mesma ruazinha sossegada,*
198	*Eu faço versos como os saltimbancos*
199	*Contigo fiz, ainda em menininho,*
200	*Tudo tão vago... Sei que havia um rio...*

201	*Este silêncio é feito de agonias*
202	*Dentro da noite alguém cantou.*
203	*O dia abriu seu para-sol bordado*
204	*Triste encanto das tardes borralheiras*
205	*Da vez primeira em que me assassinaram*
206	*Esses inquietos ventos andarilhos*
207	*Minha morte nasceu quando eu nasci.*
208	*Estou sentado sobre a minha mala*
209	*Gadêa... Pelichek... Sebastião.*
210	*Vontade de escrever quatorze versos...*
211	*Cidadezinha cheia de graça...*
212	*A ciranda rodava no meio do mundo,*
213	*Ninguém foi ver se era ou se não era.*
214	*Deve haver tanta coisa desabada*
215	*Quando a luz estender a roupa nos telhados*
216	*Sobre a coberta o lívido marfim*
217	*Olha! Eu folheio o nosso Livro Santo...*
218	*Rechinam meus sapatos rua em fora.*
219	*É outono. E é Verlaine... O Velho Outono*
220	*Nem sabes como foi naquele dia...*
221	*Que bom ficar assim, horas inteiras,*
222	*Lá onde a luz do último lampião*
223	*Quando eu morrer e no frescor de lua*

225	**APÊNDICES**
227	*Sobre Mario Quintana*
231	*Cronologia da obra*
233	*Índice de títulos*

Contar carecas na plateia

Adriana Lisboa

Consta que se ouvia de Mario Quintana, ao lhe perguntarem se ele tinha mesmo querido dizer isso ou aquilo com determinado poema (pergunta-assombração que vive no encalço de todos os poetas), a resposta: Mas eu nem sei se quis dizer alguma coisa...

Por trás de uma poesia sem artificialismos, simples, singela, um homem idem. Que poderia cantar com o Peter Gast de Caetano Veloso, "sou um homem comum, qualquer um". E não obstante sonhar com o ingresso no céu depois da morte, conduzido por anjos "num palanquim dourado, entre um curioso povo de profetas e virgens", lamentando contudo a ausência dos seus desafetos: "Eu só queria era ver a cara deles, ver a cara que eles fariam quando me vissem passar, tirado por anjos, num palanquim de ouro!" ("Inferno")

Quem luta para encontrar a simplicidade na escrita ou na vida sabe que ela é tudo menos fácil. A crítica enfatiza a "falsa simplicidade da poesia de Mario Quintana". Eu falaria da simplicidade genuína que encontro ali. E nada mais difícil de alcançar com as palavras. O caroço da escrita, por assim dizer. A essência que não requer nada de "abscôndito" – no delicioso "Acidente de leitura", Quintana relata: "Tão comodamente que eu estava lendo, como quem viaja num raio de lua, num tapete mágico, num trenó, num sonho. Nem lia: deslizava. Quando de súbito a terrível palavra apareceu, apareceu e ficou, plantada ali diante de mim, focando-me: ABSCÔNDITO. Que momento passei!..."

Pois nos poemas de Quintana a gente desliza. Não há nada de abscôndito, não há tropeços, não há mistérios oclusos. Falar de "falsa simplicidade" significa atribuir um valor negativo à simplicidade, e reafirmar a qualidade do poeta com essa espécie de alto-lá. Mas em um mundo cada vez mais norteado pelo acúmulo, pelo excesso e pelo ruído (branco, muitas vezes: essa superposição de barulhos sem sentido algum), que por sua vez engendram a superficialidade e o rápido descarte, a simplicidade não apenas parece ser um valor positivo: ela é estratégia de sobrevivência.

Por isso, considero a poesia de Mario Quintana mais necessária do que nunca. Pois a vida se aperfeiçoou em interromper os momentos atentos à vida, como disse de modo tão exato o meu amigo Malcolm McNee, professor em Smith College, com quem ensaiei em conjunto uma tradução para o inglês de "Momento", um dos poemas deste volume ("O homem parou, cheio de dedos, para procurar os fósforos nos bolsos. A insidiosa frescura do mar lhe mandou um pensamento suicida. E veio um riso límpido e irresistível — em *i*, em *a*, em *o* — do fundo de um pátio da infância. Um riso... Senão quando o homem achou os fósforos e a vida recomeçou. Apressada, implacável, urgente. A vida é cheia de pacotes...")

Ao tentar traduzir Quintana, aliás, vemos mais uma vez como o simples não raro requer muito esforço. O "fundo de um pátio da infância", essa imagem despojada e ainda assim úmida de sentimento, ou a constatação de que "a vida é cheia de pacotes", um cutucão na falta de olhos atentos ao que está em curso enquanto nos ocupamos com caixas de fósforos. Quanta coisa na simplicidade dos quintanares. "Eu nada entendo da questão social. / Eu faço parte dela, simplesmente...", o poeta escreve, e com isso reivindica a experiência que ultrapassa em muito qualquer consideração que se possa fazer sobre ela. Assim é que o silêncio das salas de espera ou a ruazinha em que Marta fia podem conter o mundo inteiro, ao modo do grão de areia de William Blake.

Quintana tem a qualidade da exatidão, aliás uma das seis propostas de Italo Calvino para o próximo (este) milênio em suas conferências em Harvard. Recordo as outras cinco: leveza, rapidez, visibilidade, multiplicidade, consistência. E eis nosso Mario Quintana um poeta para os anos dois mil. O antiabscôndito por excelência, que escreve diante da janela aberta e cuja caneta é da cor das venezianas. Que exorta ao seu Anjo da Guarda: "Vem! Vamos cair na multidão!" Que acredita viver entre os Loucos, os Mortos e as Crianças – esses seres aos quais em geral não damos ouvidos. Que faz versos como os saltimbancos desconjuntam os ossos doloridos e ouve, com o menininho doente, o sapateiro bater sola. Que percebe que o vento enovelou-se como um cão, mas também confessa: "Parece que vou sofrer." Compreendemos: afinal, parece que também vamos.

Neste volume encontramos os três primeiros livros de Quintana, todos da década de 1940: *Canções*, *Sapato florido* e os sonetos de *A rua dos caraventos*, seu livro de estreia. *A rua dos caraventos*, de 1940, reúne os versos que ele vinha publicando desde os anos vinte, na imprensa. *Canções*, de 1946, uma coletânea de poemas em verso livre e verso branco, foi publicado em seguida. Uma evolução da lírica parnasiana à modernista é contudo contestada pelo fato de que os poemas foram escritos simultaneamente, como recorda Tania Franco Carvalhal, que também cita o que o próprio Quintana tem a dizer sobre o assunto: "O fato é que nunca evoluí. Sempre fui eu mesmo." Já *Sapato florido*, de 1948, compõe-se de poemas em prosa, epigramas, epígrafes. Cunhados com um humor precioso e às vezes um vago nonsense com cheiro (mas nada mais do que isso) de surrealismo.

Assim, neste volume está o mesmo Quintana que escreveu "Vago, solúvel no ar, fico sonhando... / E me transmuto... iriso-me... estremeço... / Nos leves dedos que me vão pintando!" (no primeiro soneto de *A rua dos caraventos*), "Medo da nuvem Nuvem Nuvem / Medo do vento / Medo Medo / Medo do vento que vai ventando" ("Canção de nuvem e vento", em *Canções*) e "Amar é mudar a alma de casa" ("Carreto", em *Sapato florido*). Esse que sempre foi ele mesmo.

Mas eu nem sei se quis dizer alguma coisa... ele afirmou. Claro: o poema não quer dizer nada. O poema diz. E como era mesmo, seu Mario, aquela história do Mister Wong? "Além do controlado dr. Jekyll e do desrecalcado Mister Hyde, há também um chinês dentro de nós: Mister Wong. Nem bom, nem mau: gratuito. Entremos, por exemplo, neste teatro. Tomemos este camarote. Pois bem, enquanto o dr. Jekyll, muito compenetrado, é todo ouvidos, e Mister Hyde arrisca um olho e a alma no decote da senhora vizinha, o nosso Mister Wong, descansadamente, põe-se a contar carecas na plateia..."

Ao ler este poema, ao ler estes quintanares, sobra-me um sorriso (oriental, às vezes) e um nada-a-declarar.

Vou contar carecas na plateia eu também.

Canções
(1946)

Canção da primavera

PARA ERICO VERISSIMO

Primavera cruza o rio
Cruza o sonho que tu sonhas.
Na cidade adormecida
Primavera vem chegando.

Catavento enlouqueceu,
Ficou girando, girando.
Em torno do catavento
Dancemos todos em bando.

Dancemos todos, dancemos,
Amadas, Mortos, Amigos,
Dancemos todos até
Não mais saber-se o motivo...

Até que as paineiras tenham
Por sobre os muros florido!

Canção de vidro

E nada vibrou...
Não se ouviu nada...
Nada...

Mas o cristal nunca mais deu o mesmo som.

Cala, amigo...
Cuidado, amiga...
Uma palavra só
Pode tudo perder para sempre...

E é tão puro o silêncio agora!

A canção que não foi escrita

Alguém sorriu como Nossa Senhora à alma triste do Poeta.
Ele voltou para casa
E quis louvar o bem que lhe fizeram.

Adormeceu...

E toda a noite brilhou no sono dele uma pobre estrelinha
[perdida,
Trêmula
Como uma luz contra o vento...

Canção de um dia de vento

PARA MAURÍCIO ROSENBLATT

O vento vinha ventando
Pelas cortinas de tule.

As mãos da menina morta
Estão varadas de luz.
No colo, juntos, refulgem
Coração, âncora e cruz.

Nunca a água foi tão pura...
Quem a teria abençoado?
Nunca o pão de cada dia
Teve um gosto mais sagrado.

E o vento vinha ventando
Pelas cortinas de tule...

Menos um lugar na mesa,
Mais um nome na oração,
Da que consigo levara
Cruz, âncora e coração

(E o vento vinha ventando...)

Daquela de cujas penas
Só os anjos saberão!

Canção paralela

Por uma escada que levava até o rio...
Por uma escarpa que subia até as nuvens...
Pezinhos nus
Desceram...
Mãos nodosas
Grimparam...
E havia um coraçãozinho que batia assustado, assustado...
E um coração tão duro que era como se estivesse parado...
Um escorria fel...
O outro, lágrimas...
No rosto dele havia sulcos como de arado...
No rosto dela a boca era uma flor machucada...

E até a morte os separou!

Canção azul

Triste, Poeta, triste a florinha azul que sem querer pisaste
                                                 [no teu caminho...
Miosótis — disseste, inclinado um instante sobre ela.
E ela acabou de morrer, aos poucos, dentre a relva úmida.
Sem nunca ter sabido que se chamava miosótis.
Nem que iria impregnar, com o seu triste encanto,
O teu poema daquele dia...

Canção de outono

PARA SALIM DAOU

O outono toca realejo
No pátio da minha vida.
Velha canção, sempre a mesma,
Sob a vidraça descida...

Tristeza? Encanto? Desejo?
Como é possível sabê-lo?
Um gozo incerto e dorido
De carícia a contrapelo...

Partir, ó alma, que dizes?
Colher as horas, em suma...
Mas os caminhos do Outono
Vão dar em parte nenhuma!

Canção da noite alta

Menina está dormindo.

Coração bolindo.

Mãe, por que não fechaste a janela?

É tarde, agora:

Pé ante pé

Vem vindo

O Cavaleiro do Luar.

Na sua fronte de prata

A lua se retrata.

No seu peito

Bate um coração perfeito.

No seu coração

Dorme um leão,

Dorme um leão com uma rosa na boca.

E o príncipe ergue o punhal no ar:

...um grito

   aflito...

      Louca!

Canção do desencontro no terraço

Estavas entre as algas afogada...
A boca dolorosa, olhos pendidos...

Rias como uma louca no terraço!
Perdão! Eu é que ria dentre as algas...

Eu é que ria dentre as algas verdes
Esse riso que têm os desamados.

Mentira! eu lia os extras do cardápio.
Tu deslizavas entre as nuvens altas!

Em cada nuvem pus um coreto de música.
Mandei soltar confete pelo céu azul.

E deitado no meio das lájeas desertas,
Cobri meu rosto com o teu lenço de seda escura.

Canção de garoa

PARA TELMO VERGARA

Em cima do meu telhado,
Pirulim lulin lulin,
Um anjo, todo molhado,
Soluça no seu flautim.

O relógio vai bater:
As molas rangem sem fim.
O retrato na parede
Fica olhando para mim.

E chove sem saber por quê...
E tudo foi sempre assim!
Parece que vou sofrer:
Pirulin lulin lulin...

Canção de nuvem e vento

Medo da nuvem
Medo Medo
Medo da nuvem que vai crescendo
Que vai se abrindo
Que não se sabe
O que vai saindo
Medo da nuvem Nuvem Nuvem
Medo do vento
Medo Medo
Medo do vento que vai ventando
Que vai falando
Que não se sabe
O que vai dizendo
Medo do vento Vento Vento
Medo do gesto
Mudo
Medo da fala
Surda
Que vai movendo
Que vai dizendo
Que não se sabe...

Que bem se sabe

Que tudo é nuvem que tudo é vento

Nuvem e vento Vento Vento!

Canção meio acordada

Laranja! grita o pregoeiro.
Que alto no ar suspensa!
Lua de ouro entre o nevoeiro
Do sono que se esgarçou.
Laranja! grita o pregoeiro.
Laranja que salta e voa.
Laranja que vais rolando
Contra o cristal da manhã!
Mas o cristal da manhã
Fica além dos horizontes...
Tantos montes... tantas pontes...
(De frio soluçam as fontes...)
Porém fiquei, não sei como,
Sob os arcos da manhã.
(Os gatos moles do sono
Rolam laranjas de lã.)

Canção de domingo

Que dança que não se dança?
Que trança não se destrança?
O grito que voou mais alto
Foi um grito de criança.

Que canto que não se canta?
Que reza que não se diz?
Quem ganhou maior esmola
Foi o Mendigo Aprendiz.

O céu estava na rua?
A rua estava no céu?
Mas o olhar mais azul
Foi só ela quem me deu!

Canção de junto do berço

Não te movas, dorme, dorme
O teu soninho tranquilo.
Não te movas (diz-lhe a Noite)
Que inda está cantando um grilo...

Abre os teus olhinhos de ouro
(O Dia lhe diz baixinho).
É tempo de levantares
Que já canta um passarinho...

Sozinho, que pode um grilo
Quando já tudo é revoada?
E o Dia rouba o menino
No manto da madrugada...

Canção da aia para o filho do rei

Mandei pregar as estrelas

Para velarem teu sono.

Teus suspiros são barquinhos

Que me levam para longe...

Me perdi no céu azul

E tu, dormindo, sorrias.

Despetalei uma estrela

Para ver se me querias...

Aonde irão os barquinhos?

Com que será que tu sonhas!

Os remos mal batem n'água...

Minhas mãos dormem na sombra.

A quem será que sorris?

Dorme quieto, meu reizinho.

Há dragões na noite imensa,

Há emboscadas nos caminhos...

Despetalei as estrelas,

Apaguei as luzes todas.

Só o luar te banha o rosto

E tu sorris no teu sonho.

Ergues o braço nuzinho,

Quase me tocas... A medo

Eu começo a acariciar-te
Com a sombra de meus dedos...
Dorme quieto, meu reizinho.
Os dragões, com a boca enorme,
Estão comendo os sapatos
Dos meninos que não dormem...

Canção de torna-viagem

Uma carta encontrarei
Debaixo da minha porta.
Ordem da Filha do Rei?
Feitiço da Moira Torta?

A carta não abrirei.
Talvez me seja fatal.
Mas sobre o leito há uma rosa,
Há uma rosa e um punhal.

Que fiz de bem ou de mal
Pelos caminhos que andei?
Qual dos dois, rosa e punhal,
É o da Princesa e o do Rei?

Ai, tudo a carta diria,
A carta de sob a porta...
Se não se houvera sumido
Por artes da Moira Torta!

Canção de bar

PARA EGYDIO SQUEFF

Barzinho perdido
Na noite fria.
Estrela e guia
Na escuridão.
Que bem se fica!
Que bem! que bem!
Tal como dentro
De uma apertada
Quentinha mão...
E Rosa, a da vida...
E Verlaine que está
Coberto de limo.
E Rimbaud a seu lado,
O pobre menino...
E o Pedro Cachaça
Com quem me assustavam
(O tempo que faz!)
O Pedro tão nobre
Na sua desgraça...
E Villon sem um cobre

Que não pode entrar.
E o Anto que viaja
Pelo alto-mar...
Se o Anto morrer,
Senhor Capitão,
Se o Anto morrer,
Não no deite ao mar!
E aqui tão bom...
E aqui tão bom!
Tal como dentro
De uma apertada
Quentinha concha...
E Rosa, a da vida,
Sentada ao balcão.
Barzinho perdido
Na noite fria,
Estrela e guia
Na turbação.
E caninha pura,
Da mais pura água,
Que poesia pura,
Ai seu poeta irmão,
A poesia pura
Não existe não!

Canção de inverno

"Pinhão quentinho!
Quentinho o pinhão!"
(E tu bem juntinho
Do meu coração...)

Canção ballet

PARA EDY DUTRA DA COSTA

Ele sozinho passeia
Em seu palácio invisível.
Linda moça risca um riso
Por trás do muro de vidro.

Risca e foge, num adejo.
Ele para, de alma tonta.
Um beijo brota na ponta
Do galho do seu desejo.

E pouco a pouco se achegam.
Põem a palma contra a palma.
Mas o frio, o frio do vidro
Lhe penetra a própria alma!

"Ai do meu Reino Encantado,
Se tudo aqui é impossível...
Pra que palácio invisível
Se o mundo está do outro lado?"

E inda busca, de alma louca,
Aquele lábio vermelho.
Ai, o frio da própria boca!
O amor é um beijo no espelho...

Beija e cai, como um engonço,
Todo desarticulado...
Linda moça, como um sonho,
Se dissipa do outro lado...

Canção do dia de sempre

PARA NORAH LAWSON

Tão bom viver dia a dia...
A vida, assim, jamais cansa...

Viver tão só de momentos
Como essas nuvens do céu...

E só ganhar, toda a vida,
Inexperiência... esperança...

E a rosa louca dos ventos
Presa à copa do chapéu.

Nunca dês um nome a um rio:
Sempre é outro rio a passar.

Nada jamais continua,
Tudo vai recomeçar!

E sem nenhuma lembrança
Das outras vezes perdidas,

Atiro a rosa do sonho
Nas tuas mãos distraídas...

A canção da menina e moça

PARA GILDA MARINHO

Uma paisagem com um só coqueiro.
Que triste!
E o companheiro?

Cabrinha que sobes o monte pedrento.
Só, contra as nuvens.
Será teu esposo o vento?

O meu esposo há de cheirar a tronco,
Como eu cheiro à flor.

Um coração não cabe num só peito:
Amor... Amor...

Uma paisagem com um só coqueiro...
Uma igrejinha com uma torre só...
Sem companheira... Sem companheiro...
Ó, dor!

O meu esposo há de cheirar a tronco,
Como eu cheiro... como eu cheiro
A amor...

Canção do suicida

De repente, não sei como
Me atirei no contracéu.
À tona d'água ficou
Ficou dançando o chapéu.

E entre cascos afundados,
Entre anêmonas azuis,
Minha boca foi beber
Na taça do Rei de Tule.

Só minh'alma aqui ficou
Debruçada na amurada,
Olhando os barcos... os barcos!...
Que vão fugindo do cais.

Canção do charco

Uma estrelinha desnuda
Está brincando no charco.

Coaxa o sapo. E como coaxa!
A estrelinha dança em roda.

Cricrila o grilo. Que frio!
A estrelinha pula, pula.

Uma estrelinha desnuda
Dança e pula sobre o charco.

Para enamorá-la, o sapo
Põe seu chapéu de cozinheiro...

Uma estrelinha desnuda!

O grilo, que é pobre, esse
Escovou seu traje preto...

Desnuda por sobre o charco!

Uma estrelinha desnuda
Brinca... e de amantes não cuida...

Que brancos são seus pezinhos...
Que nua!

Canção da chuva e do vento

Dança, Velha. Dança. Dança.
Põe um pé. Põe outro pé.
Mais depressa. Mais depressa.
Põe mais pé. Pé. Pé.

Upa. Salta. Pula. Agacha.
Mete pé e mete assento.
Que o velho agita, frenético,
O seu chicote de vento.

Mansinho agora... mansinho
Até de todo caíres...
Que o Velho dorme de velho
Sob os arcos do Arco-Íris.

Canção da janela aberta

Passa nuvem, passa estrela,
Passa a lua na janela...

Sem mais cuidados na terra,
Preguei meus olhos no Céu.

E o meu quarto, pela noite
Imensa e triste, navega...

Deito-me ao fundo do barco,
Sob os silêncios do Céu.

Adeus, Cidade Maldita,
Que lá se vai o teu Poeta.

Adeus para sempre, Amigos...
Vou sepultar-me no Céu!

Canção de muito longe

Foi-por-cau-sa-do-bar-quei-ro

E todas as noites, sob o velho céu arqueado de bugigangas,
A mesma canção jubilosa se erguia.

A canoooavirou
Quemfez elavirar? uma voz perguntava.

Os luares extáticos...

A noite parada...

Foi por causa do barqueiro,
Que não soube remar.

Segunda canção de muito longe

Havia um corredor que fazia cotovelo:
Um mistério encanando com outro mistério, no escuro...
Mas vamos fechar os olhos
E pensar numa outra cousa...

Vamos ouvir o ruído cantado, o ruído arrastado das correntes
[no algibe,
Puxando a água fresca e profunda.
Havia no arco do algibe trepadeiras trêmulas.
Nós nos debruçávamos à borda, gritando os nomes uns dos
[outros,
E lá dentro as palavras ressoavam fortes, cavernosas como
[vozes de leões.
Nós éramos quatro, uma prima, dois negrinhos e eu.
Havia os azulejos reluzentes, o muro do quintal, que limitava
[o mundo,
Uma paineira enorme e, sempre e cada vez mais, os grilos e as
[estrelas...
Havia todos os ruídos, todas as vozes daqueles tempos...
As lindas e absurdas cantigas, tia Tula ralhando os cachorros,
O chiar das chaleiras...

Onde andará agora o *pince-nez* da tia Tula
Que ela não achava nunca?
A pobre não chegou a terminar a Toutinegra do Moinho,
Que saía em folhetim no Correio do Povo!...
A última vez que a vi, ela ia dobrando aquele corredor escuro.
Ia encolhida, pequenininha, humilde. Seus passos não faziam
[ruído.
E ela nem se voltou para trás!

Canção da ruazinha desconhecida

Ruazinha que eu conheço apenas
Da esquina onde ela principia...

Ruazinha perdida, perdida...
Ruazinha onde Marta fia...

Ruazinha em que eu penso às vezes
Como quem pensa numa outra vida...

E para onde hei de mudar-me, um dia,
Quando tudo estiver perdido...

Ruazinha da quieta vida...
Tristonha... tristonha...

Ruazinha onde Marta fia
e onde Maria, na janela, sonha...

Pequena crônica policial

Jazia no chão, sem vida,
E estava toda pintada!
Nem a morte lhe emprestara
A sua grave beleza...
Com fria curiosidade,
Vinha gente a espiar-lhe a cara,
As fundas marcas da idade,
Das canseiras, da bebida...
Triste da mulher perdida
Que um marinheiro esfaqueara!
Vieram uns homens de branco,
Foi levada ao necrotério.
E quando abriam, na mesa,
O seu corpo sem mistério,
Que linda e alegre menina
Entrou correndo no Céu?!
Lá continuou como era
Antes que o mundo lhe desse
A sua maldita sina:
Sem nada saber da vida,
De vícios ou de perigos,

Sem nada saber de nada...

Com a sua trança comprida,

Os seus sonhos de menina,

Os seus sapatos antigos!

Canção dos romances perdidos

Oh! o silêncio das salas de espera
Onde esses pobres guarda-chuvas lentamente escorrem...
O silêncio das salas de espera
E aquela última estrela...

Aquela última estrela
Que bale, bale, bale,
Perdida na enchente da luz...

Aquela última estrela
E, na parede, esses quadrados lívidos,
De onde fugiram os retratos...

De onde fugiram todos os retratos...

E esta minha ternura,
Meu Deus,
Oh! toda esta minha ternura inútil, desaproveitada!...

Canção para uma valsa lenta

Minha vida não foi um romance...
Nunca tive até hoje um segredo.
Se me amas, não digas, que morro
De surpresa... de encanto... de medo...

Minha vida não foi um romance,
Minha vida passou por passar.
Se não amas, não finjas, que vivo
Esperando um amor para amar.

Minha vida não foi um romance...
Pobre vida... passou sem enredo...
Glória a ti que me enches a vida
De surpresa, de encanto, de medo!

Minha vida não foi um romance...
Ai de mim... Já se ia acabar!
Pobre vida que toda depende
De um sorriso... de um gesto... um olhar...

Canção de baú

Sempre-viva... Sempre-morta...
Pobre flor que não teve infância!
E que a gente, às vezes, pensativo encontra
Nos baús das avozinhas mortas...

Uma esperança que um dia eu tive,
Flor sem perfume, bem assim que foi:
Sempre morta... Sempre viva...
No meio da vida caiu e ficou!

Canção do amor imprevisto

Eu sou um homem fechado.
O mundo me tornou egoísta e mau.
E a minha poesia é um vício triste,
Desesperado e solitário
Que eu faço tudo por abafar.

Mas tu apareceste com a tua boca fresca de madrugada,
Com o teu passo leve,
Com esses teus cabelos...

E o homem taciturno ficou imóvel, sem compreender nada,
                              [numa alegria atônita...

A súbita, a dolorosa alegria de um espantalho inútil
Aonde viessem pousar os passarinhos!

Canção do primeiro do ano

PARA LILA RIPOLL

Anjos varriam morcegos
Até jogá-los no mar.

Outros pintavam de azul,
De azul e de verde-mar,
Vassouras de feiticeiras,
Desbotadas tabuletas,
Velhos letreiros de bar

Era uma carta amorosa?
Ou uma rosa que abrira?
Mas a mão correra ansiosa
— Ó sinos, mais devagar!
À janela azul e rosa,
Abrindo-a de par em par.

Ó banho da luz, tão puro,
Na paisagem familiar:
Meu chão, meu poste, meu muro,
Meu telhado e a minha nuvem,
Tudo bem no seu lugar.

E os sinos dançam no ar.

De casa a casa, os beirais,

— Para lá e para cá —

Trocam recados de asas,

Riscando sustos no ar.

Silêncios. Sinos. Apelos. Sinos.

E sinos. Sinos. E sinos. Sinos.

Pregoeiros. Sinos. Risadas. Sinos.

E levada pelos sinos,

Toda ventando de sinos,

Dança a cidade no ar!

Canção de barco e de olvido

PARA AUGUSTO MEYER

Não quero a negra desnuda.
Não quero o baú do morto.
Eu quero o mapa das nuvens
E um barco bem vagaroso.

Ai esquinas esquecidas...
Ai lampiões de fins de linha...
Quem me abana das antigas
Janelas de guilhotina?

Que eu vou passando e passando,
Como em busca de outros ares...
Sempre de barco passando,
Cantando os meus quintanares...

No mesmo instante olvidando
Tudo o de que te lembrares.

Sapato florido
(1948)

MONSIEUR JOURDAIN:
— Non, je ne veux ni prose, ni vers.
MAÎTRE DE PHILOSOPHIE:
— Il faut bien que ce soit l'un ou l'autre.
MONSIEUR JOURDAIN:
— Pourquoi?

Le bourgeois gentilhomme, Ato II, Cena IV.

Das metamorfoses

A lua, quando fica velha, todo o mundo sabe que vira lua nova.
Mas negro velho vira macaco. Desses macaquinhos de realejo... Cuidado: quanto mais velhos mais vivos. Sabem tudo. Descobrem tudo. Se tens algum pecado oculto, foge das suas caretas falsamente amigas, dos seus olhinhos espertos e cínicos!
E os velhos jurisconsultos viram fetos... esses fetos que a gente olha, meio desconfiado, nos bocais de vidro... e que, no silêncio dos laboratórios, oscilando gravemente as cabeças fenomenais, elucubram anteprojetos, orações de paraninfo, reformas da Constituição... Sempre que puderes, crava um punhal, um garfo, um prego, no miolo mole dos fetos.
Em compensação, as velhinhas que fazem renda viram fio... Fio, sim senhor! Esses fios que vagam soltos no ar... que ninguém sabe de onde vêm... e se prendem num galho morto... no chapéu do viajante solitário... no freio do seu cavalo... que se prendem, desesperadamente, num lábio fresco, numa trança ao vento...
E os velhos que mal podem acender os cigarros, os pobres velhinhos trêmulos viram reflexos... Esses reflexos que dançam no ar... que nascem no ar... De uma vidraça... de um para-brisa... do galo do para-raios que volteou de súbito... de folhas que se assustam... de mariposas tontejando... de uma ronda infantil sob a lua redonda...

O milagre

Dias maravilhosos em que os jornais vêm cheios de poesia... e do lábio do amigo brotam palavras de eterno encanto... Dias mágicos... em que os burgueses espiam, através das vidraças dos escritórios, a graça gratuita das nuvens...

Epígrafe

As únicas coisas eternas são as nuvens...

Da paginação

Os livros de poemas devem ter margens largas e muitas páginas em branco e suficientes claros nas páginas impressas, para que as crianças possam enchê-los de desenhos — gatos, homens, aviões, casas, chaminés, árvores, luas, pontes, automóveis, cachorros, cavalos, bois, tranças, estrelas — que passarão também a fazer parte dos poemas...

Os vira-luas

Todos lhes dão, com uma disfarçada ternura, o nome, tão apropriado, de vira-latas. Mas e os vira-luas? Ah! ninguém se lembra desses outros vagabundos noturnos, que vivem farejando a lua, fuçando a lua, insaciavelmente, para aplacar uma outra fome, uma outra miséria, que não é a do corpo...

Momento

O homem parou, cheio de dedos, para procurar os fósforos nos bolsos. A insidiosa frescura do mar lhe mandou um pensamento suicida. E veio um riso límpido e irresistível — em *i*, em *a*, em *o* — do fundo de um pátio da infância. Um riso... Senão quando o homem achou os fósforos e a vida recomeçou. Apressada, implacável, urgente. A vida é cheia de pacotes...

Bar

O doloroso sulco labionasal junto à garrafa morta...

O estranho caso de Mister Wong

Além do controlado dr. Jekyll e do desrecalcado Mister Hyde, há também um chinês dentro de nós: Mister Wong. Nem bom, nem mau: gratuito. Entremos, por exemplo, neste teatro. Tomemos este camarote. Pois bem, enquanto o dr. Jekyll, muito compenetrado, é todo ouvidos, e Mister Hyde arrisca um olho e a alma no decote da senhora vizinha, o nosso Mister Wong, descansadamente, põe-se a contar carecas na plateia...

Outros exemplos? Procure-os o senhor em si mesmo, agora mesmo. Não perca tempo. Cultive o seu Mister Wong!

Chão de outono

Ao longo das pedras irregulares do calçamento passam ventando umas pobres folhas amarelas em pânico, perseguidas de perto por um convite de enterro, sinistro, tatalando, aos pulos, cada vez mais perto, as duas asas tarjadas de negro!

A vingança

Se eu fosse Deus, eu mandava os comendadores mortos (ah, como nos havíamos de rir, ó Walt Disney!), eu os mandava a todos, com as suas almas graves, encasacadas e de óculos, para o doido País das Sinfonias Coloridas.

Puríssima

As admiráveis instalações sanitárias que há na lua! Tudo branco, tudo polido, tudo limpinho. Jorros d'água. Frescor. Alívio. Os anjos que o digam! Pois só aos anjos é permitido servirem-se do nosso higiênico satélite para as suas abluções e necessidades...

Objetos perdidos

. Os guarda-chuvas perdidos... aonde vão parar os guarda-chuvas perdidos? E os botões que se desprenderam? E as pastas de papéis, os estojos de *pince-nez*, as maletas esquecidas nas gares, as dentaduras postiças, os pacotes de compras, os lenços com pequenas economias, aonde vão parar todos esses objetos heteróclitos e tristes? Não sabes? Vão parar nos anéis de Saturno, são eles que formam, eternamente girando, os estranhos anéis desse planeta misterioso e amigo.

Provérbio

O seguro morreu de guarda-chuva.

Horror

Com os seus OO de espanto, seus RR guturais, seu hirto H, HORROR é uma palavra de cabelos em pé, assustada da própria significação.

Triste época

Em nossa triste época de igualitarismo e vulgaridade, as únicas criaturas que mereceriam entrar numa história de fadas são os mestres-cucas, com os seus invejáveis gorros brancos, e os porteiros dos grandes hotéis, com os seus alamares, os seus ademanes, a sua indiscutida majestade.

Arte de fumar

Desconfia dos que não fumam: esses não têm vida interior, não têm sentimentos. O cigarro é uma maneira disfarçada de suspirar...

Do inédito

E quando, morto de mesmice, te vier a nostalgia de climas e costumes exóticos, de jornais impressos em misteriosos caracteres, de curiosas beberagens, de roupas de estranho corte e colorido, lembra-te que para alguém nós somos os antípodas: um remoto, inacreditável povo do outro lado do mundo, quase do outro lado da vida — uma gente de se ficar olhando, olhando, pasmado... Nós, os antípodas, somos assim.

Telegrama a Lin Yutang

Acabo de ver um negrinho comendo um ovo cozido. Hein, Lin Yutang?

Crise

Por causa dos ilusionistas é que hoje em dia muita gente acredita que poesia é truque...

Meu trecho predileto

O que mais me comove, em música, são essas notas soltas — pobres notas únicas — que do teclado arranca o afinador de pianos...

Paisagem de após-chuva

A relva, os cavalos, as reses, as folhas, tudo envernizadinho como no dia inolvidável da inauguração do Paraíso...

Prosódia

As folhas enchem de *ff* as vogais do vento.

Clopt! Clopt!

É a ruazinha que tosse, tosse, engasgada com o homem da muleta.

Só para si

Dona Cômoda tem três gavetas. E um ar confortável de senhora rica. Nas gavetas guarda coisas de outros tempos, só para si. Foi sempre assim, dona Cômoda: gorda, fechada, egoísta.

A companheira

A lua parte com quem partiu e fica com quem ficou. E, pacientemente, consoladoramente, aguarda os suicidas no fundo do poço.

Feliz!

Deitado no alto do carro de feno... com os braços e as pernas abertos em X... e as nuvens, os voos passando por cima... Por que estradas de abril viajei assim um dia? De que tempos, de que terras guardei essa antiga lembrança, que talvez seja a mais feliz das minhas falsas recordações?

Janela de abril

Tudo tão nítido! O céu rentinho às pedras. Pode-se enxergar até os *nomes* que andaram traçando a carvão naquele muro. Mas, mesmo que o céu soubesse ler, isso não teria agora a mínima importância. E sente-se que Nosso Senhor, em comemoração de abril, instituirá hoje valiosos prêmios para o riso mais despreocupado, para o sapato mais rinchador, para a pandorga mais alta sobre o morro.

Viração

Voa um par de andorinhas, fazendo verão. E vem uma vontade de rasgar velhas cartas, velhos poemas, velhas contas recebidas. Vontade de mudar de camisa, por fora e por dentro... Vontade... para que esse pudor de certas palavras?... vontade de amar, simplesmente.

Carreto

Amar é mudar a alma de casa.

O paraíso perdido

Nasci em Shangri-La.
Pois quem foi que não nasceu em Shangri-La?

Sinais dos tempos

Esses que, pelas estradas claras dos primeiros séculos, mendigavam e faziam pueris e deliciosos milagres, viraram agora transformistas de palco. Santos que perderam a fé, socorrem-se habilmente dos recursos inesgotáveis que a técnica hoje em dia nos proporciona, quando seria muito mais fácil um milagre... A divina simplicidade de um milagre.

Parábola

A imagem daqueles salgueiros n'água é mais nítida e pura que os próprios salgueiros. E tem também uma tristeza toda sua, uma tristeza que não está nos primitivos salgueiros.

Os máscaras

O Homem Invisível via-se obrigado a botar máscara. Era uma face enganadora, alheia, sinistra, melancólica...

O Poeta, para entrar em contato com os outros homens, põe-se a fazer poemas.

O poema

Uma formiguinha atravessa, em diagonal, a página ainda em branco. Mas ele, aquela noite, não escreveu nada. Para quê? Se por ali já havia passado o frêmito e o mistério da vida...

Comunhão

Os verdadeiros poetas não leem os outros poetas. Os verdadeiros poetas leem os pequenos anúncios dos jornais.

A adolescente

Vai andando e vai crescendo. É toda esganifrada: a voz, os gestos, as pernas... Antílopes! vejo antílopes quando ela passa! Pois deixa, passando, um friso de antílopes, de bambus ao vento, de luas andantes, mutáveis, crescentes...

Passarinho empalhado

Quem te empoleirou lá no alto do chapéu da contravó, tico-tico surubico? Tão triste... tão feio... tão só... Meu tico-tiquinho coberto de pó... E tu que querias fazer o teu ninho na máquina do Giovanni fotógrafo!

Gare

Faz tanto tempo que se está esperando — o trem que não vem, o trem de Belém — que as bagagens alheias, amontoadas no banco, cheiram-me a poeira de séculos: devem estar aqui, embolorando, o caduceu de Mercúrio, a cabeleira de Absalão, uma peça íntima de Cleópatra, um báculo de bispo, uma tabaqueira de Luís XV, um olho de vidro, uma fivela, uma bolsa de água quente, um lenço com um nó, um... Pestanejo. Sinto-me tão infeliz... Para que me fui meter nesse triste inventário, meu Deus? E, a cada suspiro que dou, o meu anjo da guarda perde mais uma peninha da asa.

Estufa

Que imaginação depravada têm as orquídeas! A sua contemplação escandaliza e fascina. Vivem procurando e criando inéditos coloridos, e estranhas formas, combinações incríveis, como quem procura uma volúpia nova, um sexo novo...

Aventura no parque

No banco verde do parque, onde eu lia distraidamente o Almanaque Bertrand, aquela sentença pegou-me de surpresa: "Colhe o momento que passa." Colhi-o, atarantado. Era um não sei que, um *flapt*, um inquietante animalzinho, todo asas e todo patas: ardia como uma brasa, trepidava como um motor, dava uma angustiosa sensação de véspera de desabamento. Não pude mais. Arremessei-o contra as pedras, onde foi logo esmigalhado pelo vertiginoso velocípede de um meninozinho vestido à marinheira. "Quem monta num tigre (dizia, à página seguinte, um provérbio chinês), quem monta num tigre não pode apear."

O espião

Bem o conheço. Num espelho de bar, numa vitrina, ao acaso do *footing*, em qualquer vidraça por aí, trocamos às vezes um súbito e inquietante olhar. Não, isto não pode continuar assim. Que tens tu de espionar-me? Que me censuras, fantasma? Que tens a ver com os meus bares, com os meus cigarros, com os meus delírios ambulatórios, com tudo o que não faço na vida!?

Aparição

Tão de súbito, por sobre o perfil noturno da casaria, tão de súbito surgiu, como um choque, um impacto, um milagre, que o coração, aterrado, nem lhe sabia o nome: — a lua! — a lua ensanguentada e irreconhecível de Babilônia e Cartago, dos campos malditos de após--batalha, a lua dos parricídios, das populações em retirada, dos estupros, a lua dos primeiros e dos últimos tempos.

Inferno

Em suave andadura de sonho, sob uma infinita série de arco-íris celestiais, anjos me conduziam num palanquim dourado, entre um curioso povo de profetas e virgens, que formavam alas para me ver passar. Mas eu me debruçava inquieto a uma e outra janela: faltava-me alguma coisa. Faltava... Faltavam os meus desafetos. Eu só queria era ver a cara deles, ver a cara que eles fariam quando me vissem passar, tirado por anjos, num palanquim de ouro!

A bela e o dragão

As coisas que não têm nome assustam, escravizam-nos, devoram-nos... Se a bela faz de ti gato e sapato, chama-lhe, por exemplo, A BELA DESDENHOSA. E ei-la rotulada, classificada, exorcismada, simples marionete agora, com todos os gestos perfeitamente previsíveis, dentro do seu papel de boneca de pau. E no dia em que chamares a um dragão de JOLI, o dragão te seguirá por toda parte como um cachorrinho...

Epílogo

Não, o melhor é não falares, não explicares coisa alguma. Tudo agora está suspenso. Nada aguenta mais nada. E sabe Deus o que é que desencadeia as catástrofes, o que é que derruba um castelo de cartas! Não se sabe... Umas vezes passa uma avalanche e não morre uma mosca... Outras vezes senta uma mosca e desaba uma cidade.

Quem bate?

    Cecília. Cecília que chega de um pátio da infância... Traz ainda sereno nas tranças, seus sapatinhos andaram pulando na grama... Depois assenta-se nos degraus da torre, e canta...
    Mas o chaveiro do sonho pegou-lhe as tranças, teceu cordoalhas para o seu navio. Mas o chaveiro do sonho pegou-lhe a canção... E fez um vento longo e triste.
    E eu pensava que toda a minha tristeza vinha apenas do vento, da solidão do mar, da incerteza daquela viagem num navio perdido...

Trágico acidente de leitura

    Tão comodamente que eu estava lendo, como quem viaja num raio de lua, num tapete mágico, num trenó, num sonho. Nem lia: deslizava. Quando de súbito a terrível palavra apareceu, apareceu e ficou, plantada ali diante de mim, focando-me: ABSCÔNDITO. Que momento passei!... O momento de imobilidade e apreensão de quando o fotógrafo se posta atrás da máquina, envolvidos os dois no mesmo pano preto, como um duplo monstro misterioso e corcunda... O terrível silêncio do condenado ante o pelotão de fuzilamento, quando os soldados dormem na pontaria e o capitão vai gritar: Fogo!

Envelhecer

Antes, todos os caminhos iam.
Agora todos os caminhos vêm.
A casa é acolhedora, os livros poucos.
E eu mesmo preparo o chá para os fantasmas.

Exegese

— Mas que quer dizer esse poema? — perguntou-me alarmada a boa senhora.
— E que quer dizer uma nuvem? — retruquei triunfante.
— Uma nuvem? — diz ela. — Uma nuvem umas vezes quer dizer chuva, outras vezes bom tempo...

Perversidade

Alarmar senhoras gordas é um dos maiores encantos desta e da outra vida.

Fatalidade

Em todos os velórios há sempre uma senhora gorda que, em determinado momento, suspira e diz:
— Coitado! Descansou...

Quien supiera escribir!

O menino de joelhos sujos que chega em casa correndo e mal pode falar...

A velha dama que é agora obrigada a fazer renda para vender... de casa em casa, a coitada!... e que senta na ponta da cadeira, suspira discretamente e murmura: "A minha vida é um romance...".

Aquela moça que diz: "Não quero ouvir isto!" e tapa os olhos...

Ah, quanta coisa deliciosamente quotidiana, quanto efêmero instante, eu não gravaria para sempre na memória dos homens, se...

Que haverá no céu?

Se não houver cadeiras de balanço no Céu... que será da tia Élida, que foi para o Céu?

Cântico dos cânticos

Maria, com um vinco entre as sobrancelhas, escolhe o segundo prato. Depois sorri-me deliciosamente. Como não encantar-me? Como não comparar-me a Salomão? "Sustentai-me (diz-lhe a Sulamita), sustentai-me com passas, confortai-me com maçãs, que desfaleço de amor."

Velha história

Era uma vez um homem que estava pescando, Maria. Até que apanhou um peixinho! Mas o peixinho era tão pequenininho e inocente, e tinha um azulado tão indescritível nas escamas, que o homem ficou com pena. E retirou cuidadosamente o anzol e pincelou com iodo a garganta do coitadinho. Depois guardou-o no bolso traseiro das calças, para que o animalzinho sarasse no quente. E desde então ficaram inseparáveis. Aonde o homem ia, o peixinho o acompanhava, a trote, que nem um cachorrinho. Pelas calçadas. Pelos elevadores. Pelos cafés. Como era tocante vê-los no "17"! — o homem, grave, de preto, com uma das mãos segurando a xícara de fumegante moca, com a outra lendo o jornal, com a outra fumando, com a outra cuidando o peixinho, enquanto este, silencioso e levemente melancólico, tomava laranjada por um canudinho especial...

Ora, um dia o homem e o peixinho passeavam à margem do rio onde o segundo dos dois fora pescado. E eis que os olhos do primeiro se encheram de lágrimas. E disse o homem ao peixinho:

"Não, não me assiste o direito de te guardar comigo. Por que roubar-te por mais tempo ao carinho do teu pai, da tua mãe, dos teus irmãozinhos, da tua tia solteira? Não, não e não! Volta para o seio da tua família. E viva eu cá na terra sempre triste!..."

Dito isto, verteu copioso pranto e, desviando o rosto, atirou o peixinho n'água. E a água fez um redemoinho, que foi depois serenando, serenando... até que o peixinho morreu afogado...

Da dúvida

Felizmente parece que o Além não resolve coisa alguma, e a confusão continua a mesma, senão maior... Posso, pois, morrer descansado e levar os meus problemas comigo, que não me faltará distração. Não me refiro à quadratura do círculo, que pouco se me dá, nem ao moto-contínuo. Penso é nas mil e uma perplexidades da minha condição de escriba, nesses cruciantes imponderáveis, no eterno problema da subjetividade da partícula *se*...

Do tempo

Nunca se deve consultar o relógio perto de um defunto. É uma falta de tato, meu caro senhor... uma crueldade... uma imperdoável indelicadeza...

Intercâmbio

Vovô tem um riso de cobre — surdo, velho, azinhavrado — um riso que sai custoso, aos vinténs.

Mas Lili, sempre generosa, lhe dá o troco em pratinhas novas.

A princesa

Quando lhe perguntaram o nome, Lili espantou-se muito:
— Ué! Mas todo o mundo sabe...

O cachorro

Do quarto próximo, chega a voz irritada da arrumadeira:
— Meu Deus! A gente mal estende a cama e já vem esse cachorro deitar em cima! Salta daí pra fora!
E Lili, muito formalizada:
— Finoca! O *cachorro* tem nome!

Da humilde verdade

O quotidiano é o incógnito do mistério.

Mudança de temperatura

Nos fios telegráficos pousaram uma, duas, três, quatro andorinhas.

Olham de um lado e outro... Irão partir?

Sobre as cercas rasas do arrabalde, os girassóis espiam como girafas...

Boca da noite

O grilo canta escondido... e ninguém sabe de onde vem seu canto... nem de onde vem essa tristeza imensa daquele último lampião da rua...

Está na mesa

Vem de dentro um rumor de pratos e talheres. Alguém põe a mesa. Vovô enrola um último cigarro, ao sereno. Lili vem brincar mais perto da porta. De misteriosas andanças, aponta, à esquina, o cachorro da casa.

"Está na mesa!"

Agora todos se reunirão em torno à sopa fumegante.

E em vão a noite apertará o cerco primitivo. E em vão o antigo Caos, nos confins do horizonte, ficará rondando como um iguanodonte esfomeado...

Cozinha

Cada brasa palpita como um coração...

Haikai da cozinheira

A cozinheira preta preta
Preta e gorda
Com seu fresco sorriso de lua...

Mentiras

Lili vive no mundo do Faz de conta... Faz de conta que isto é um avião. Zzzzuuu... Depois aterrissou em piquê e virou trem. Tuc tuc tuc tuc... Entrou pelo túnel, chispando. Mas debaixo da mesa havia bandidos. Pum! Pum! Pum! O trem descarrilou. E o mocinho? Onde é que está o mocinho? Meu Deus! onde é que está o mocinho?! No auge da confusão, levaram Lili para a cama, à força. E o trem ficou tristemente derribado no chão, fazendo de conta que era mesmo uma lata de sardinha.

Mentira?

A mentira é uma verdade que se esqueceu de acontecer.

Noturno

O relógio costura, meticulosamente, quilômetros e quilômetros do silêncio noturno.
De vez em quando, os velhos armários estalam como ossos.
Na ilha do pátio, o cachorro, ladrando.
(É a lua.)
E, à lembrança da lua, Lili arregala os olhos no escuro.

Pés de fora

A negrinha, essa, tem medo de fantasmas.
Cada vez que um rato corre mais depressa, ela tapa a cabeça.
Mas fica com os pés de fora.
É o medo ridículo, tocante, desamparado, o medo de pés de fora.
Se eu fosse fantasma, eu... Não, não lhe faria nada: o melhor do susto é esperar por ele.

Sono

Tudo fica mais leve no escuro da casa. As escadas param de repente no ar... Mas os anjos sonâmbulos continuam subindo os degraus truncados, atravessando os espelhos como se entrassem numa outra sala.

O sonho devora os sapatos, os pés da cama, o tempo.

Vovô resmunga qualquer coisa no fim do século passado.

Interlúdio

A noite se estende ao rés do chão como um lençol, que os cachorros puxam, do horizonte. Puxam, esticam, sem rasgar.
Porque a lua vai saltar.
E ficará pulando, ao centro, para cima, para baixo, para cima, para baixo, como Sancho Pança no capítulo XLV do *Dom Quixote*.

Antemanhã

Trotam, trotam, desbarrancando o meu sono, os burrinhos inumeráveis da madrugada.
Carregam laranjas? Carregam repolhos? Carregam abóboras?
Não. Carregam cores. Verdes tenros. Amarelos vivos. Vermelhos, roxos, ocres.
São os burrinhos-pintores.

Ouverture

Nosso Senhor, sobre os telhados, Nosso Senhor, com alamares de ouro, tange subitamente os sinofones. Lili espreguiça-se na cama. Estremece no teto um reflexo d'água. Lili tapa os ouvidos.

Mas o seu coraçãozinho vibra como uma cigarra.

O despertar do egotista

Os pequeninos vendedores de jornais gritam por meu nome.

O despertar dos amantes

Quem teria deixado, enquanto nos amávamos, o tarro da luz à nossa porta?

Viver

Vovô ganhou mais um dia. Sentado na copa, de pijama e chinelas, enrola o primeiro cigarro e espera o gostoso café com leite.

Lili, matinal como um passarinho, também espera o café com leite.

Tal e qual vovô.

Pois só as crianças e os velhos conhecem a volúpia de viver dia a dia, hora a hora, e suas esperas e desejos nunca se estendem além de cinco minutos...

O vento

O único da casa que enxerga o vento é o cachorro. Detém-se à porta da cozinha, rosnando para o pátio ventado, cheio de latas inquietas e papéis decididamente malucos.

E nos seus olhos fixos e rancorosos vê-se o desvario do vento, a incurabilidade do vento, os seus cabelos em corrupio, os seus braços que parecem mil, os seus trapos flutuantes de espantalho, toda aquela agitação sem causa e que é ainda menos instável, no entretanto, que a terrível desordem da sua cabeça: pois o vento nunca pode assentar as ideias...

Passeio

Oh! não há nada como um pé depois do outro...

Calçada de verão

Quando o tempo está seco, os sapatos ficam tão contentes que se põem a cantar.

Construção

... o dia exato alinha os seus cubos de vidro...

Da cor

Há uma cor que não vem nos dicionários. É essa indefinível cor que têm todos os retratos, os figurinos da última estação, a voz das velhas damas, os primeiros sapatos, certas tabuletas, certas ruazinhas laterais: — a cor do tempo...

Topografia

Meu bonde passa por ali. Pela sua esquina, apenas.

É uma ruazinha tão discreta que logo faz uma curva e o olhar não pode devassá-la. Não lhe sei o nome, nem nunca andei por ela. Mas faz anos que me vem alimentando de mistério. Se eu fosse lá, encontraria alguns poetas: o Marcelo, o Wamosy, o Juca... todos mortos de há muito, todos no mesmo bar. Ah! ruazinha... ruazinha que leva à Babilônia, eu sei... ao porto inventado de Stargiris... a regiões entressonhadas a medo.

Viagem

O fim do cigarro tem uma tristeza de fim de linha...

Pequenos tormentos da vida

De cada lado da sala de aula, pelas janelas altas, o azul convida os meninos, as nuvens desenrolam-se, lentas, como quem vai inventando preguiçosamente uma história sem fim... Sem fim é a aula: e nada acontece, nada... Bocejos e moscas. Se ao menos, pensa Margarida, se ao menos um avião entrasse por uma janela e saísse pela outra!

O susto

Isto foi há muito tempo, na infância provinciana do autor, quando havia serões em família.

Juquinha estava lendo, em voz alta, *A Confederação dos Tamoios*.

Tararararararará, tararararararará,
Tararararararará, tararararararará,

Lá pelas tantas, Gabriela deu o estrilo:

— Mas não tem rima!

Sensação. Ninguém parava de não acreditar. Juquinha, desamparado, lê às pressas os finais dos últimos versos... *quérulo... branco... tuba... inane... vaga... infinitamente...*

Meu Deus! Como poderia ser aquilo?!

— A rima deve estar no meio — diz, sentencioso, o major Pitaluga.

E todos suspiraram, agradecidos.

Cruel amor

Um dia, da ponta daquela mesa comum de hóspedes, dona Glorinha me interpelou:

— Seu Mario, o senhor ainda não leu o Cruel Amor?

Não, eu nunca tinha lido o Cruel Amor!...

Pois tudo o que falta à minha vida, toda a imperfeição em que ainda me debato, vem de eu nunca ter lido o Cruel Amor... de ter achado ridículo o título... de ter achado ridícula a transcendental pergunta de dona Glorinha...

Os fantasmas do passado

— E não te lembras daquela vez em que...?

Faço que me lembro. Rio. Solto saudosos suspiros e exclamações de puro gozo. Oh! que monstruosa e implacável memória a dos nossos companheiros de infância.

E depois, como estão envelhecidos, os pobres-diabos!

É o que os torna ainda mais antipáticos.

As falsas recordações

Se a gente pudesse escolher a infância que teria vivido, com que enternecimento eu não recordaria agora aquele velho tio de perna de pau, que nunca existiu na família, e aquele arroio que nunca passou aos fundos do quintal, e onde íamos pescar e sestear nas tardes de verão, sob o zumbido inquietante dos besouros...

Ventura

Naquela missa de Sexta-Feira da Paixão, notei que o velho Ventura rezava assim: — Tchug tchug tchug tchug amém... Tchug tchug tchug tchug amém... Tchug tchug tchug...
— Assim não vale, seu Ventura.
— Ora! *Ele* sabe tudo o que eu quero dizer...

Reminiscências

A enchente de 1941. Entrava-se de barco pelo corredor da velha casa de cômodos onde eu morava. Tínhamos assim um rio só para nós. Um rio de portas adentro. Que dias aqueles! E de noite não era preciso sonhar: pois não andava um barco de verdade assombrando os corredores?

Foi também a época em que era absolutamente desnecessário fazer poemas...

Comentário ouvido num bonde

Que moça culta, a Maria Eduarda: usa ponto e vírgula!

Dos velhos hábitos

Metia-nos um medo! Era um retrato avoengo, um velho juiz dos velhos tempos, sobrecenho feroz, barba de passa-piolho. De nada ria... Creio que já nascera juiz. Mas piscava o olho quando a criadinha punha-se a esfregar vigorosamente o assoalho, a criadinha de saias arregaçadas e joelhos roliços e juntinhos... e que aliás nunca bispou coisíssima nenhuma.

Margraff

De uma feita, descobri nas costas da folhinha o seguinte precioso informe:

"O açúcar de beterraba foi descoberto em 1747 por Margraff."

Desde então, nunca mais pude esquecê-lo.

E quando procuro, ansioso, entre os nevoeiros da memória, uma data esquecida, um nome, uma citação, ei-lo que aparece, implacável, esse Margraff, à prova de balas e de esconjuros. Por quê? Estarei ficando...?

Ou será o pobre Margraff que tenta desesperadamente sobreviver, transformando-se em ideia fixa?

História

Era um desrecalcado, pensavam todos. Pois já assassinara uma bem-amada, um crítico e um amigo.

Mas nunca mais encontrou amada, nem crítico, nem amigo. Ninguém mais que lhe mentisse, ninguém mais que o incompreendesse, nem nunca mais um inimigo íntimo...

E vai daí ele se enforcou.

RBTD

Há ocasiões em que não consegues nada, nem um sorriso, outras em que consegues tudo, até cartas de recomendação. Não te queixes, nem te gabes. Era que os anjos estavam brincando de rapa-bota-tira-deixa...

E a tua história quotidiana é tecida ao acaso dos lances.

Até que sobrevenha o R do rapa-tudo.

(Aí então os anjos te recolherão.)

O recurso

Sempre que o Poeta vai falar, Nosso Senhor desliga o telefone. Alô? Impossível comunicação direta.

E bum catibum e bum bumbum
E toca o pandeiro mulata meu bem
E bum catibum...

Oh! não há nada como a irresistível marchinha do nosso bloco invicto e soberano, para entulhar este horrível silêncio!

Apocalipse

E eis que veio uma peste e acabou com todos os homens.
Mas em compensação ficaram as bibliotecas.
E nelas estava escrito o nome de todas as coisas.
Mas as coisas podiam chamar-se agora como bem quisessem.
E então o Pão de Açúcar se declarou Mancenilha.
E o hipopótamo só atendia por tico-tico.
E houve por tudo um grande espreguiçamento de alívio.
E Nosso Senhor ficou para sempre livre da terrível campanha dos comunistas.
E das apologéticas de Tristão de Athayde.

Ananias

Ananias olhou a folhinha: 11. 11 de setembro. Tomou uma cafiaspirina. Deitou-se. Sobre a cadeira fulgem agora o metal dos óculos, o monograma do relógio, o vidro do copo. Fulgem, nos travesseiros, os seus cabelos grisalhos. O resto é sombra. Dorme, Ananias,

> *que o bicho tutu*
> *já vem te pegar...*

Noite adentro, a alma de Mestre Rembrandt vai enchendo de sombra e prata o lívido interior de cinema mudo. De sombra e prata, e irreparável tristeza... Mas o mais triste de tudo é que eu não conheço nenhum Ananias neste mundo. E um dia Deus me pedirá contas de mais essa vida inútil, sem finalidade...

O desinfeliz

Sua vida era um tango argentino.

O misantropo

Um dia ele sentiu que ia morrer. Mudou-se, então, para o último andar de uma velha casa de cômodos sem ascensores...

Triste mastigação

As reflexões dos velhos são amargas como azeitonas.

Solo

Os mortos são ridículos como bonecos de engonço a que cortassem os fios... Os seus amores estão esperando, os seus negócios, os seus amigos estão esperando, e eles ali caídos, esquecidos de tudo! Como lhes pôde vir de repente esse desapego infinito por tudo o que mais queriam? Ou eles estavam fingindo antes, os sonsos, ou estão fingindo agora! Não posso absolutamente compreender que o dr. Gouvarinho haja esquecido as nossas partidas de solo, que haja desistido de tirar revanche, desistido dos seus calos, que marcavam chuva, e do seu guarda-chuva, que nunca abria direito! Não posso, não posso compreender... Observo-lhe os sapatos novos... Conto as tábuas do teto... (É a primeira vez que os nossos silêncios em comum me deixam constrangido.) Puxo o relógio. Escondo-o vivamente. Cruzo os dedos... descruzo os dedos... Retiro-me.

Paro, um instante, no portal...

Mas ele nem me fez um *psiu!*

Noturno da viação férrea

Ora, os fantasmas são viajantes noturnos. Se aboletam nos carros vazios e ficam (por que será que os fantasmas não fumam?) a olhar o mundo que desliza...

Mas sucede que as máquinas estavam manobrando apenas. E voltam todas para a gare deserta.

E depois vem a luz crescente, a luz cruel, situando e ambientando as coisas.

É quando surgem, cabalísticos, os primeiros letreiros:

— Hotel Savoia — Ao Pente de Ouro — Saúde da Mulher — os fantasmas, puídos de claridade, soltam um pífio suspiro e se desvanecem...

Tableau!

Nunca se deve deixar um defunto sozinho. Ou, se o fizermos, é recomendável tossir discretamente antes de entrar de novo na sala. Uma noite em que eu estava a sós com uma dessas desconcertantes criaturas, acabei aborrecendo-me (pudera!) e fui beber qualquer coisa no bar mais próximo. Pois nem queira saber... Quando voltei, quando entrei inopinadamente na sala, estava ele sentado no caixão, comendo sofregamente uma das quatro velas que o ladeavam! E só Deus sabe o constrangimento em que nos vimos os dois, os nossos míseros gestos de desculpa e os sorrisos amarelos que trocamos...

Do sobrenatural

Vozes ciciando nas frinchas... vozes de afogados soluçando nas ondas... vozes noturnas, chamando... pancadas no quarto ao lado, por detrás dos móveis, debaixo da cama... gritos de assassinados ecoando ainda nos corredores malditos... Qual nada! O que mais amedronta é o pranto dos recém-nascidos: aí é que está a verdadeira voz do outro mundo.

Desespero

Não há nada mais triste do que o grito de um trem no silêncio noturno. É a queixa de um estranho animal perdido, único sobrevivente de alguma espécie extinta, e que corre, corre, desesperado, noite em fora, como para escapar à sua orfandade e solidão de monstro.

O sapo verde

Aquele amarelo que apareceu um dia em nossa terra, ou por outra, aquele japonês, pois não sei se um chim daria o mesmo desfecho ao caso, dedicava-se a trabalhos de papel. Com incrível celeridade, dobrava, redobrava, multidobrava, premia aqui, puxava dali, e pronto: saía um pato, uma cesta, um avião, um urso, um homem sentado, uma mulher dançando, um navio, todas as coisas que há no mundo. Algumas dessas habilidades, ele as fazia às vezes em câmara lenta, para que a gente pudesse aprender. Mas era impossível guardar de memória o segredo do sapo verde, o maravilhoso sapo verde que comportava nada menos de sessenta e quatro dobras e que dava um salto quando lhe tocavam no lombo. Comprei um e fui para casa desmanchá-lo. Ficou-me nas mãos um quadrado de papel, inextrincavelmente entrecruzado de vincos. Como não consegui fazer a operação contrária, isto é, rearmar o sapo, dali a dias encomendei outro.

— Hoje não poder — disse ele.

— Por quê?

— Por acabar papel verde.

— E por que não faz um sapo branco?... ou um sapo azul... ou um sapo vermelho... ou...

Mas o seu quase imperceptível sorriso de comiseração cortou-me a linda sequência colorida.

O cágado

Morava no fundo do poço. E nunca saiu do poço. Costumava tomar sol numa saliência da parede, quando a água chegava até ali. Nas raras vezes em que isto sucedia, ficávamos a olhá-lo impressionados, como se estivéssemos diante do Homem da Máscara de Ferro. Que vida! Era o único bicho da casa que não sabia os nossos nomes, nem das mudanças de cozinheira, nem o dia dos anos de Lili. Não sabia nem queria saber.

Filó

O negrinho Filó era um artista no pente. Naquele velho pente envolto em papel de seda, tirava tudo, de ouvido, desde a *Canção do Soldado* até *La donna è mobile*. A gente ficava escutando, com orgulho e inveja. Pois nenhum de nós conseguia tocar pente. Dava-nos cócegas e, como dizia a Gabriela, "a gente se agachava a sirri que não parava mais". Quando ele morreu, foi logo declarando a sua qualidade, para S. Pedro: "Musgo!" E S. Pedro lhe deu uma gaitinha de boca. Uma linda gaitinha de boca! E até hoje ele vive explicando que não há nada como o pente... Mas o Céu é tão perfeito que na sua Filarmônica não existem instrumentos de emergência: um pente, lá, é um pente mesmo.

O lampião

A janelinha de acetilene do lampião da esquina tinha uma luz que não era a do dia nem a da noite... a mesma luz que banhava as pessoas, animais e coisas que a gente via em sonhos... aquela mesma luz que deveria enluarar, mais tarde, as janelas altas do outro mundo...

Estampa

    Linda moça, com sua cara de louça, na moldura da janela. Passa, a cavalo, o oficial — reto, correto, linear —, como um valete de cartas. Enquanto, lento, anoitece, flores suspiram olores, no jardinzinho sincero. E lá no fim da rua a estrela Vésper, como se fora pirotécnica, irradia-se em trinta e sete cores.

Crianças gazeando a escola

Atiraram tinteiros no tigre. E enquanto seus gritos arranhavam as claras vidraças azuis, era lindo ver como ele ia virando pantera: uma linda pantera toda preto e ouro!

Encostaram escadas no elefante. Dançaram em cima do elefante. O mais piquininho fez um gostoso xixi no lombo do elefante.

Mas como era mesmo impossível esgotar a paciência do bicho, apearam todos, aos trambolhões, e foram ver o que fazia, à beira do banhado, o crocodilo verde.

O crocodilo abriu uma boca deste tamanho, depois fechou-a de súbito — plaque! — como quem fecha um atlas, terminada a maçante aula de geografia. E o mais piquininho ficou sem cabeça.

Conto cruel

I

De repente, o leite talhou nos vasilhames. Foi um raio? Foi Leviatã? Foi o quê?

O burgomestre, debaixo das cobertas, resfolegava orações meio esquecidas.

E os negros monstros das cornijas, com as faces zebradas de relâmpagos, silenciosamente gargalhavam por suas três ou quatro bocas superpostas.

II

E amanheceu um enorme ovo, em pé, no meio da praça, três palmos mais alto que os formosos alabardeiros que lhe puseram em torno para evitar a aproximação do público. Foi chamado então o velho mágico, que escreveu na casca as três palavras infalíveis. E o ovo abriu-se ao meio e dele saiu um imponente senhor, tão magnificamente vestido e resplandecente de alamares e crachás que todos pensaram que fosse o Rei de Ouros. E ei-lo que disse, encarando o seu povo: "Eu sou o novo burgomestre!" Dito e feito. Nunca houve tanta dança e tanta bebedeira na cidade. Quanto ao velho burgomestre, nem foi preciso depô-lo, pois desapareceu tão misteriosamente como havia aparecido o novo, ou o ovo. E os menestréis compuseram divertidas canções, que o populacho berrava nas estalagens, entre gargalhadas e arrepios de medo.

III

Mas por onde andaria o burgomestre?

O seu cachimbo de porcelana, em cujo forno se via um Cupido de pernas trançadas, tocando frauta, foi encontrado à beira-rio. E apesar de todos os esforços, só conseguiram pescar um baú, que não tinha nada a ver com a coisa, e uma sereiazinha insignificante e nada bonita, uma sereiazinha de água doce, que nem sabia cantar e foi logo devolvida ao seu elemento.

Mas quando casava a filha do mestre-escola, encontrou-se dentro do bolo de noiva a dentadura postiça do burgomestre, o que deu aso a que desmaiassem, no ato, duas gerações inteiras de senhoras, e ao posterior suicídio do pasteleiro.

E a caixa de rapé do burgomestre, que era inconfundível e única, multiplicou-se estranhamente e começou a ser achada em todas as salas de espera desertas, pelos varredores verdes de terror, depois que era encerrado o expediente nas repartições públicas e começava a ouvir-se, na rua, o passo trôpego do acendedor de lampiões.

Entre as enormes ruínas

Entre as enormes ruínas sem pássaros, procurávamos bichinhos-de-conta, por baixo das pedras e vasos cobertos de musgo. E era uma bênção o frescor da lua sobre os terraços desertos. Mas a água que havia era verde e silenciosa como a dos poços de cemitério. Em compensação, não se ia mais à escola. E o último de nós que morreu pôde ver que chegavam grandes manadas de búfalos brancos, com argolões de prata no focinho e atrás deles os pastores que...

Mas quem sabe se ele já não tinha morrido e aquilo se estava passando numa outra vida, ou numa outra história?

O anjo Malaquias

O Ogre rilhava os dentes agudos e lambia os beiços grossos, com esse exagerado ar de ferocidade que os monstros gostam de aparentar, por esporte.

Diante dele, sobre a mesa posta, o Inocentinho balava, imbele. Chamava-se Malaquias — tão piquinininho e rechonchudo, pelado, a barriguinha pra baixo, na tocante posição de certos retratos da primeira infância...

O Ogre atou o guardanapo ao pescoço. Já ia o miserável devorar o Inocentinho, quando Nossa Senhora interferiu com um milagre. Malaquias criou asas e saiu voando, voando, pelo ar atônito... saiu voando janela em fora...

Dada, porém, a urgência da operação, as asinhas brotaram-lhe apressadamente na bunda, em vez de ser um pouco mais acima, atrás dos ombros. Pois quem nasceu para mártir, nem mesmo a Mãe de Deus lhe vale!

Que o digam as nuvens, esses lerdos e desmesurados cágados das alturas, quando, pela noite morta, o Inocentinho passa por entre elas, voando em esquadro, o pobre, de cabeça pra baixo.

E o homem que, no dia do ordenado, está jogando os sapatos dos filhos, o vestido da mulher e a conta do vendeiro, esse ouve, no entrechocar das fichas, o desatado pranto do Anjo Malaquias!

E a mundana que pinta o seu rosto de ídolo... E o empregadinho em falta que sente as palavras de emergência fugirem-lhe como cabelos de afogado... E o orador que para em meio de uma frase... E o tenor que dá, de súbito, uma nota em falso... Todos escutam, no seu imenso desamparo, o choro agudo do Anjo Malaquias!

E quantas vezes um de nós, ao levar o copo ao lábio, interrompe o gesto e empalidece... — O Anjo! O Anjo Malaquias! — ... E então, pra disfarçar, a gente faz literatura... e diz aos amigos que foi apenas uma folha morta que se desprendeu... ou que um pneu estourou, longe... na estrela Aldebaran...

A rua dos cataventos (1940)

I

Escrevo diante da janela aberta.
Minha caneta é cor das venezianas:
Verde!... E que leves, lindas filigranas
Desenha o sol na página deserta!

Não sei que paisagista doidivanas
Mistura os tons... acerta... desacerta...
Sempre em busca de nova descoberta,
Vai colorindo as horas quotidianas...

Jogos da luz dançando na folhagem!
Do que eu ia escrever até me esqueço...
Pra que pensar? Também sou da paisagem...

Vago, solúvel no ar, fico sonhando...
E me transmuto... iriso-me... estremeço...
Nos leves dedos que me vão pintando!

II

Dorme, ruazinha... É tudo escuro...
E os meus passos, quem é que pode ouvi-los?
Dorme o teu sono sossegado e puro,
Com teus lampiões, com teus jardins tranquilos...

Dorme... Não há ladrões, eu te asseguro...
Nem guardas para acaso persegui-los...
Na noite alta, como sobre um muro,
As estrelinhas cantam como grilos...

O vento está dormindo na calçada,
O vento enovelou-se como um cão...
Dorme, ruazinha... Não há nada...

Só os meus passos... Mas tão leves são
Que até parecem, pela madrugada,
Os da minha futura assombração...

III

Quando os meus olhos de manhã se abriram,
Fecharam-se de novo, deslumbrados:
Uns peixes, em reflexos doirados,
Voavam na luz: dentro da luz sumiram-se...

Rua em rua, acenderam-se os telhados.
Num claro riso as tabuletas riram.
E até no canto onde os deixei guardados
Os meus sapatos velhos refloriram.

Quase que eu saio voando céu em fora!
Evitemos, Senhor, esse prodígio...
As famílias, que haviam de dizer?

Nenhum milagre é permitido agora...
E lá se iria o resto de prestígio
Que no meu bairro eu inda possa ter!...

IV

Minha rua está cheia de pregões.
Parece que estou vendo com os ouvidos:
"Couves! Abacaxis! Cáquis! Melões!"
Eu vou sair pro Carnaval dos ruídos,

Mas vem, Anjo da Guarda... Por que pões
Horrorizado as mãos em teus ouvidos?
Anda: escutemos esses palavrões
Que trocam dois gavroches atrevidos!

Pra que viver assim num outro plano?
Entremos no bulício quotidiano...
O ritmo da rua nos convida.

Vem! Vamos cair na multidão!
Não é poesia socialista... Não,
Meu pobre Anjo... É... simplesmente... a Vida!...

V

Eu nada entendo da questão social.
Eu faço parte dela, simplesmente...
E sei apenas do meu próprio mal,
Que não é bem o mal de toda a gente,

Nem é deste Planeta... Por sinal
Que o mundo se lhe mostra indiferente!
E o meu Anjo da Guarda, ele somente,
É quem lê os meus versos afinal...

E enquanto o mundo em torno se esbarronda,
Vivo regendo estranhas contradanças
No meu vago País de Trebizonda...

Entre os Loucos, os Mortos e as Crianças,
É lá que eu canto, numa eterna ronda,
Nossos comuns desejos e esperanças!...

VI

Na minha rua há um menininho doente.
Enquanto os outros partem para a escola,
Junto à janela, sonhadoramente,
Ele ouve o sapateiro bater sola.

Ouve também o carpinteiro, em frente,
Que uma canção napolitana engrola.
E pouco a pouco, gradativamente,
O sofrimento que ele tem se evola...

Mas nesta rua há um operário triste:
Não canta nada na manhã sonora
E o menino nem sonha que ele existe.

Ele trabalha silenciosamente...
E está compondo este soneto agora,
Pra alminha boa do menino doente...

VII

Avozinha Garoa vai contando
Suas lindas histórias, à lareira.
"Era uma vez... Um dia... Eis senão quando..."
Até parece que a cidade inteira

Sob a garoa adormeceu sonhando...
Nisto, um rumor de rodas em carreira...
Clarins, ao longe... (É o Rei que anda buscando
O pezinho da Gata Borralheira!)

Cerro os olhos, a tarde cai, macia...
Aberto em meio, o livro inda não lido
Inutilmente sobre os joelhos pousa...

E a chuva um'outra história principia,
Para embalar meu coração dorido
Que está pensando, sempre, em outra cousa...

VIII

PARA DYONELIO MACHADO

Recordo ainda... E nada mais me importa...
Aqueles dias de uma luz tão mansa
Que me deixavam, sempre, de lembrança,
Algum brinquedo novo à minha porta...

Mas veio um vento de Desesperança
Soprando cinzas pela noite morta!
E eu pendurei na galharia torta
Todos os meus brinquedos de criança...

Estrada fora após segui... Mas, ai,
Embora idade e senso eu aparente,
Não vos iluda o velho que aqui vai:

Eu quero os meus brinquedos novamente!
Sou um pobre menino... acreditai...
Que envelheceu, um dia, de repente!...

IX

PARA EMÍLIO KEMP

É a mesma ruazinha sossegada,
Com as velhas rondas e as canções de outrora...
E os meus lindos pregões da madrugada
Passam cantando ruazinha em fora!

Mas parece que a luz está cansada...
E, não sei como, tudo tem, agora,
Essa tonalidade amarelada
Dos cartazes que o tempo descolora...

Sim, desses cartazes ante os quais
Nós às vezes paramos, indecisos...
Mas para quê?... Se não adiantam mais!...

Pobres cartazes por aí afora
Que inda anunciam: — ALEGRIA — RISOS
Depois do Circo já ter ido embora!...

X

Eu faço versos como os saltimbancos
Desconjuntam os ossos doloridos.
A entrada é livre para os conhecidos...
Sentai, Amadas, nos primeiros bancos!

Vão começar as convulsões e arrancos
Sobre os velhos tapetes estendidos...
Olhai o coração que entre gemidos
Giro na ponta dos meus dedos brancos!

"Meu Deus! Mas tu não mudas o programa!"
Protesta a clara voz das Bem-Amadas.
"Que tédio!" o coro dos Amigos clama.

"Mas que vos dar de novo e de imprevisto?"
Digo... e retorço as pobres mãos cansadas:
"Eu sei chorar... Eu sei sofrer... Só isto!"

XI

PARA ANTÔNIO NOBRE, À MANEIRA DO MESMO

Contigo fiz, ainda em menininho,
Todo o meu Curso d'Alma... E desde cedo
Aprendi a sofrer devagarinho,
A guardar meu amor como um segredo...

Nas minhas chagas vinhas pôr o dedo
E eu era o Triste, o Doido, o Pobrezinho!
Amava, à noite, as Luas de bruxedo,
Chamava o Pôr do Sol de Meu Padrinho...

Anto querido, esse teu livro "Só"
Encheu de luar a minha infância triste!
E ninguém mais há de ficar tão só:

Sofreste a nossa dor, como Jesus...
E nesta Costa d'África surgiste
Para ajudar-nos a levar a Cruz!...

XII

Tudo tão vago... Sei que havia um rio...
Um choro aflito... Alguém cantou, no entanto...
E ao monótono embalo do acalanto
O choro pouco a pouco se extinguiu...

O Menino dormira... Mas o canto
Natural como as águas prosseguiu...
E ia purificando como um rio
Meu coração que enegrecera tanto...

E era a voz que eu ouvi em pequenino...
E era Maria, junto à correnteza,
Lavando as roupas de Jesus Menino...

Eras tu... que ao me ver neste abandono,
Daí do Céu cantavas com certeza
Para embalar inda uma vez meu sono!...

XIII

Este silêncio é feito de agonias
E de luas enormes, irreais,
Dessas que espiam pelas gradarias
Nos longos dormitórios de hospitais.

De encontro à Lua, as hirtas galharias
Estão paradas como nos vitrais
E o luar decalca nas paredes frias
Misteriosas janelas fantasmais...

Ó, silêncio de quando, em alto-mar,
Pálida, vaga aparição lunar,
Como um sonho vem vindo essa Fragata...

Estranha Nau que não demanda os portos!
Com mastros de marfim, velas de prata,
Toda apinhada de meninos mortos...

XIV

Dentro da noite alguém cantou.
Abri minhas pupilas assustadas
De ave noturna... E as minhas mãos, velas paradas,
Não sei que frêmito as agitou!

Depois, de novo, o coração parou.
E quando a lua, enorme, nas estradas
Surge... dançam as minhas lâmpadas quebradas
Ao vento mau que as apagou...

Não foi nenhuma voz amada
Que, preludiando a canção notâmbula,
No meu silêncio me procurou...

Foi minha própria voz, fantástica e sonâmbula!
Foi, na noite alucinada,
A voz do morto que cantou.

XV

PARA ERICO VERISSIMO

O dia abriu seu para-sol bordado
De nuvens e de verde ramaria.
E estava até um fumo, que subia,
Mi-nu-ci-o-sa-men-te desenhado.

Depois surgiu, no céu azul arqueado,
A Lua — a Lua! — em pleno meio-dia.
Na rua, um menininho que seguia
Parou, ficou a olhá-la admirado...

Pus meus sapatos na janela alta,
Sobre o rebordo... Céu é que lhes falta
Pra suportarem a existência rude!

E eles sonham, imóveis, deslumbrados,
Que são dois velhos barcos, encalhados
Sobre a margem tranquila de um açude...

XVI

PARA NILO MILANO

Triste encanto das tardes borralheiras
Que enchem de cinza o coração da gente!
A tarde lembra um passarinho doente
A pipilar os pingos das goteiras...

A tarde pobre fica, horas inteiras,
A espiar pelas vidraças, tristemente,
O crepitar das brasas na lareira...
Meu Deus... o frio que a pobrezinha sente!

Por que é que esses Arcanjos neurastênicos
Só usam névoa em seus efeitos cênicos?
Nenhum azul para te distraíres...

Ah, se eu pudesse, tardezinha pobre,
Eu pintava trezentos arco-íris
Nesse tristonho céu que nos encobre!...

XVII

Da vez primeira em que me assassinaram
Perdi um jeito de sorrir que eu tinha...
Depois, de cada vez que me mataram,
Foram levando qualquer coisa minha...

E hoje, dos meus cadáveres, eu sou
O mais desnudo, o que não tem mais nada...
Arde um toco de vela, amarelada...
Como o único bem que me ficou!

Vinde, corvos, chacais, ladrões da estrada!
Ah! desta mão, avaramente adunca,
Ninguém há de arrancar-me a luz sagrada!

Aves da Noite! Asas do Horror! Voejai!
Que a luz, trêmula e triste como um ai,
A luz do morto não se apaga nunca!

XVIII

PARA F. SOARES COELHO

Esses inquietos ventos andarilhos
Passam e dizem: "Vamos caminhar.
Nós conhecemos misteriosos trilhos,
Bosques antigos onde é bom cismar...

E há tantas virgens a sonhar idílios!
E tu não vieste, sob a paz lunar,
Beijar os seus entrefechados cílios
E as dolorosas bocas a ofegar..."

Os ventos vêm e batem-me à janela:
"A tua vida, que fizeste dela?"
E chega a morte: "Anda! Vem dormir...

Faz tanto frio... E é tão macia a cama..."
Mas toda a longa noite inda hei de ouvir
A inquieta voz dos ventos que me chama!...

XIX

PARA MOYSÉS VELLINHO

Minha morte nasceu quando eu nasci.
Despertou, balbuciou, cresceu comigo...
E dançamos de roda ao luar amigo
Na pequenina rua em que vivi.

Já não tem mais aquele jeito antigo
De rir e que, ai de mim, também perdi!
Mas inda agora a estou sentindo aqui,
Grave e boa, a escutar o que lhe digo:

Tu que és a minha doce Prometida,
Nem sei quando serão as nossas bodas,
Se hoje mesmo... ou no fim de longa vida...

E as horas lá se vão, loucas ou tristes...
Mas é tão bom, em meio às horas todas,
Pensar em ti... saber que tu existes!

XX

PARA ATHOS DAMASCENO FERREIRA

Estou sentado sobre a minha mala
No velho bergantim desmantelado...
Quanto tempo, meu Deus, malbaratado
Em tanta inútil, misteriosa escala!

Joguei a minha bússola quebrada
Às águas fundas... E afinal sem norte,
Como o velho Sindbad de alma cansada
Eu nada mais desejo, nem a morte...

Delícia de ficar deitado ao fundo
Do barco, a vos olhar, velas paradas!
Se em toda parte é sempre o Fim do Mundo

Pra que partir? Sempre se chega, enfim...
Pra que seguir empós das alvoradas
Se, por si mesmas, elas vêm a mim?

XXI

PARA OS AMIGOS MORTOS

Gadêa... Pelichek... Sebastião.
Lobo Alvim... Ah, meus velhos camaradas!
Aonde foram vocês? Onde é que estão
Aquelas nossas ideais noitadas?

Fiquei sozinho... Mas não creio, não,
Estejam nossas almas separadas!
Às vezes sinto aqui, nestas calçadas,
O passo amigo de vocês... E então

Não me constranjo de sentir-me alegre,
De amar a vida assim, por mais que ela nos minta...
E no meu romantismo vagabundo

Eu sei que nestes céus de Porto Alegre
É para nós que inda S. Pedro pinta
Os mais belos crepúsculos do mundo!...

XXII

Vontade de escrever quatorze versos...
Pobre do Poeta!... É só pra disfarçar...
Andam por tudo signos diversos
Impossíveis da gente decifrar.

Quem sabe lá que estranhos universos
Que navios começaram a afundar...
Olha! os meus dedos, no nevoeiro imersos,
Diluíram-se... Escusado navegar!

Barca perdida que não sabe o porto,
Carregada de cântaros vazios...
Oh! dá-me a tua mão, Amigo Morto!

Que procuravas, solitário e triste?
Vamos andando entre os nevoeiros frios...
Vamos andando... Nada mais existe!...

XXIII

Cidadezinha cheia de graça...
Tão pequenina que até causa dó!
Com seus burricos a pastar na praça...
Sua igrejinha de uma torre só...

Nuvens que venham, nuvens e asas,
Não param nunca nem um segundo...
E fica a torre, sobre as velhas casas,
Fica cismando como é vasto o mundo!...

Eu que de longe venho perdido,
Sem pouso fixo (a triste sina!)
Ah, quem me dera ter lá nascido!

Lá toda a vida poder morar!
Cidadezinha... Tão pequenina
Que toda cabe num só olhar...

XXIV

PARA LINO DE MELLO E SILVA

A ciranda rodava no meio do mundo,
No meio do mundo a ciranda rodava.
E quando a ciranda parava um segundo,
Um grilo, sozinho no mundo, cantava...

Dali a três quadras o mundo acabava.
Dali a três quadras, num valo profundo...
Bem junto com a rua o mundo acabava.
Rodava a ciranda no meio do mundo...

E Nosso Senhor era ali que morava,
Por trás das estrelas, cuidando o seu mundo...
E quando a ciranda por fim terminava

E o silêncio, em tudo, era mais profundo,
Nosso Senhor esperava... esperava...
Cofiando as suas barbas de Pedro Segundo.

XXV

PARA OVÍDIO CHAVES, AO GOSTO DO MESMO

Ninguém foi ver se era ou se não era.
E isto aconteceu lá no tempo da Era.
Mas, no teu quarto havia, mesmo, uma Chymera.
De bronze? De verdade? Ora! Que importa?

Foi quando Quem Será bateu à tua porta.
"Entre, Senhor, que eu já estava à sua espera..."
(Naquele tempo, amigo, a tua vida era
Como uma pobre borboleta morta!)

E Quem Será cumprimentou, falou
De coisas e de coisas e de coisas,
Bonitas umas, tristes outras como loisas...

E todo o tempo em que ele nos falou,
A Chymera a cismar: "Como é que Deus deixou
Haver, por trás do Sonho, tantas, tantas coisas?"

XXVI

Deve haver tanta coisa desabada
Lá dentro... Mas não sei... É bom ficar
Aqui, bebendo um chope no meu bar...
E tu, deixa-me em paz, Alma Penada!

Não quero ouvir essa interior balada...
Saudade... amor... cantigas de ninar...
Sei que lá dentro apenas sopra um ar
De morte... Não, não sei! não sei mais nada!...

Manchas de sangue inda por lá ficaram,
Em cada sala em que me assassinaram...
Pra que lembrar essa medonha história?

Eis-me aqui, recomposto, sem um ai.
Sou o meu próprio Frankenstein — olhai!
O belo monstro ingênuo e sem memória...

XXVII

Quando a luz estender a roupa nos telhados
E for todo o horizonte um frêmito de palmas
E junto ao leito fundo nossas duas almas
Chamarem nossos corpos nus, entrelaçados,

Seremos, na manhã, duas máscaras calmas
E felizes, de grandes olhos claros e rasgados...
Depois, volvendo ao sol as nossas quatro palmas,
Encheremos o céu de voos encantados!...

E as rosas da Cidade inda serão mais rosas,
Serão todos felizes, sem saber por quê...
Até os cegos, os entrevadinhos... E

Vestidos, contra o azul, de tons vibrantes e violentos,
Nós improvisaremos danças espantosas
Sobre os telhados altos, entre o fumo e os cataventos!

XXVIII

Sobre a coberta o lívido marfim
Dos meus dedos compridos, amarelos...
Fora, um realejo toca para mim
Valsas antigas, velhos ritornelos.

E esquecido que vou morrer enfim,
Eu me distraio a construir castelos...
Tão altos sempre... cada vez mais belos!...
Nem D. Quixote teve morte assim...

Mas que ouço? Quem será que está chorando?
Se soubésseis o quanto isto me enfada!
... E eu fico a olhar o céu pela janela...

Minh'alma louca há de sair cantando
Naquela nuvem que lá está parada
E mais parece um lindo barco a vela!...

XXIX

PARA O SEBASTIÃO

Olha! Eu folheio o nosso Livro Santo...
Lembras-te? O "Só"! Que vida, aquela vida...
Vivíamos os dois na Torre de Anto...
Torre tão alta... em pleno azul erguida!...

O resto, que importava?... E no entretanto
Tu deixaste a leitura interrompida...
E em vão, nos versos que tu lias tanto,
Inda procuro a tua voz perdida...

E continuo a ler, nessa ilusão
De que talvez me estejas escutando...
Porém tu dormes... Que dormir profundo!

E os pobres versos do Anto lá se vão...
Um por um... como folhas... despencando...
Sobre as águas tristonhas do Outro Mundo...

XXX

Rechinam meus sapatos rua em fora.
Tão leve estou que já nem sombra tenho
E há tantos anos de tão longe venho
Que nem me lembro de mais nada agora!

Tinha um surrão todo de penas cheio...
Um peso enorme para carregar!
Porém as penas, quando o vento veio,
Penas que eram... esvoaçaram no ar...

Todo de Deus me iluminei então.
Que os Doutores Sutis se escandalizem:
"Como é possível sem doutrinação?!"

Mas entendem-me o Céu e as criancinhas.
E ao ver-me assim, num poste as andorinhas:
"Olha! É o Idiota desta Aldeia!" dizem...

XXXI

É outono. E é Verlaine... O Velho Outono
Ou o Velho Poeta atira-me à janela
Uma das muitas folhas amarelas
De que ele é o dispersivo dono...

E há uns salgueiros a pender de sono
Sobre um fundo de pálida aquarela.
E há (está previsto) este abandono...
Ó velhas rimas! É acabar com elas!

Mas o Outono apanha-as... E, sutil,
Com o rosto a rir-se em rugazinhas mil,
Toca de novo o seu fatal motivo:

Um quê de melancólico e solene
— E para todo o sempre evocativo —
Na frauta enferrujada de Verlaine...

XXXII

PARA PEDRO WAYNE

Nem sabes como foi naquele dia...
Uma reunião em suma tão vulgar!
Tu caíste em estado de poesia
Quando o Sr. Prefeito ia falar...

O mal sagrado! Que remédio havia?!
E como para nunca mais voltar,
Lá te foste na tarde de elegia,
Por essas ruas a perambular.

Paraste enfim junto a um salgueiro doente,
Um salgueiro que espiava sobre o rio
A primeira estrelinha... E, longamente,

Também ficaste à espera (quanta ânsia!)...
Mas a estrelinha, como um sonho, abriu,
Longe, no céu azul da tua infância!

XXXIII

PARA REYNALDO MOURA

Que bom ficar assim, horas inteiras,
Fumando... e olhando as lentas espirais...
Enquanto, fora, cantam os beirais
A baladilha ingênua das goteiras

E vai a Névoa, a bruxa silenciosa,
Transformando a Cidade, mais e mais,
Nessa Londres longínqua, misteriosa
Das poéticas novelas policiais...

Que bom, depois, sair por essas ruas,
Onde os lampiões, com sua luz febrenta,
São sóis enfermos a fingir de luas...

Sair assim (tudo esquecer talvez!)
E ir andando, pela névoa lenta,
Com a displicência de um fantasma inglês...

XXXIV

Lá onde a luz do último lampião
Uns tristes charcos alumia embalde,
Moram, numa infinita solidão,
As estrelinhas quietas do arrabalde...

Na cidade, quem é que atenta nelas,
Na sua história anônima, escondida?
São menininhas pobres às janelas,
Olhando inutilmente para a vida...

Quando ao Centro descemos à noitinha,
Penso às vezes o quanto essas meninas
No seu desejo triste hão de sofrer

Ao ver os bondes que, do fim da linha,
Partem, iluminados como vitrinas,
Para a doida Cidade do Prazer!...

XXXV

Quando eu morrer e no frescor de lua
Da casa nova me quedar a sós,
Deixai-me em paz na minha quieta rua...
Nada mais quero com nenhum de vós!

Quero é ficar com alguns poemas tortos
Que andei tentando endireitar em vão...
Que lindo a Eternidade, amigos mortos,
Para as torturas lentas da Expressão!...

Eu levarei comigo as madrugadas,
Pôr de sóis, algum luar, asas em bando,
Mais o rir das primeiras namoradas.

E um dia a morte há de fitar com espanto
Os fios de vida que eu urdi, cantando,
Na orla negra do seu negro manto...

Apêndices

Sobre Mario Quintana

Nasceu em Alegrete, Rio Grande do Sul, no ano de 1906. Veio ao mundo em família de raiz urbana e escolarizada. Seus avós, tanto o paterno quanto o materno, eram médicos. Seu pai era um dono de farmácia que lia em francês para os filhos ainda crianças.

Aos 13 anos, vai para Porto Alegre, estudar no Colégio Militar como aluno interno. Entre idas e vindas, acaba não terminando o colegial, apesar de ser leitor voraz e frequentador da Biblioteca Pública. Quando sai do colégio, aos 17 anos, não tem diploma, mas já se inicia na vida literária porto-alegrense, mesmo quando volta a morar em Alegrete, no ano seguinte. Em 1926, um conto de sua autoria é o vencedor de concurso patrocinado por importante jornal da capital gaúcha na época (*Diário de Notícias*).

Falecidos mãe e pai, transfere-se definitivamente para Porto Alegre em 1929, onde passa a trabalhar como jornalista. No ano seguinte, aventura-se na política e vai até o Rio de Janeiro, seguindo Getúlio Vargas. Fica apenas seis meses na então capital federal. Voltará cinco anos depois, em temporada marcante para sua vida, quando travará conhecimento com os poetas que mais admira: Cecília Meireles e Manuel Bandeira, os outros dois grandes líricos modernos brasileiros.

Nos anos 30, Quintana estabiliza-se na vida profissional, como jornalista e como tradutor assalariado pela Editora Globo. Nesse período, desabrocha e viceja o poeta, que se apresenta finalmente ao mundo numa coletânea própria. Lança seu primeiro livro, *A rua dos caraventos*, em 1940. O livro de poemas inaugura nova etapa em sua vida, ao mesmo tempo que coroa uma década de progressivo amadurecimento.

A década de 40 e a primeira metade dos anos 50 serão de grande atividade para Quintana. Dessa época são os livros de poesia *Canções* (1946), *Sapato florido* (1948), *O aprendiz de feiticeiro* (1950), *Espelho mágico* (1951, com prefácio de Monteiro Lobato) e um volume de *Inéditos e esparsos*, publicado em 1953 na cidade de Alegrete. É ainda nesse período que começa a publicar o *Caderno H* ("textos escritos em cima da hora, na hora H"), primeiro na revista *Província de São Pedro*, e depois, a partir de 1953, no jornal *Correio do Povo*, onde permaneceu por décadas. As prosas curtas, as croniquetas, as evocações e os poemas em prosa do *Caderno H* angariarão a Quintana seu primeiro e fiel público de leitores, que só fará crescer a partir daí. Entre as muitas traduções feitas por Quintana no período, destacam-se as de Marcel Proust, que marcaram época.

Depois de breve interregno, as décadas de 60 e 70 assinalarão a consagração nacional do poeta Quintana. Em 1962, reúne sua produção poética em *Poesias*. Em 1966, quando completa 60 anos, sai a *Antologia Poética*, organizada por Rubem Braga e Paulo Mendes Campos para a prestigiosa Editora do Autor, livro vencedor do Prêmio Fernando Chinaglia ("melhor livro do ano"). As homenagens públicas se sucedem: saudação na Academia Brasileira de Letras por Augusto Meyer e Manuel Bandeira (1966), Cidadão Honorário de Porto Alegre (1967), placa de bronze em Alegrete (com a famosa inscrição: "Um engano em bronze é um engano eterno."), medalha "Negrinho do pastoreio" do estado do Rio Grande do Sul e, ao completar 70 anos, em 1976, prêmio Pen Clube de poesia.

Os setent'anos, em vez de assinalarem um começo de fim, apontam para um novo começo na trajetória de poeta e prosador de Mario Quintana. São desse momento dois de seus livros mais destacados: *A vaca e o hipogrifo*, de pequenas prosas, e *Apontamentos de história sobrenatural*, de pura poesia elegíaca em versos simples reveladores de grande maturidade criativa. Os lançamentos se sucederão, e novo momento de consagração ocorre em 1980, quando recebe o prêmio Machado de Assis da Academia Brasileira de Letras. Vale lembrar que ao longo de sua carreira Quintana também publicou alguns notáveis livros dirigidos ao público infantil.

Depois de sofrer um atropelamento, o poeta octogenário não deixará de produzir e galgará novas alturas em matéria de prêmios, homenagens, títulos universitários honorários. Em meio a tantas glórias, a maior é ver-se poeta popular, concretizando a fusão com a alma das gentes, meta maior de cronistas e líricos. Em 1985, é escolhido patrono da Feira do Livro de Porto Alegre, o mais clássico dos eventos literários brasileiros. Nesse ano ainda, sai o *Diário poético*, agenda pessoal de grande venda, em que a cada dia consta um pequeno texto de sua autoria.

Falece em 1994, aos 88 anos de idade. Seus últimos e produtivos dez anos trouxeram antologias, novos livros de poemas, novas coletâneas de crônicas do caderno H, livros infantis. Já nesse período, e de forma mais intensa postumamente, sua obra frutifica em adaptações, encenações, musicalizações. A palavra do poeta fertiliza.

Italo Moriconi

Fontes: CARVALHAL, Tania Franco. Cronologia, in *Mario Quintana – Poesia Completa*, Rio de Janeiro, Ed. Nova Aguilar, 2005. FISCHER, Luís Augusto. Viagem em linha reta, in *Mario Quintana/Cadernos de Literatura Brasileira*, S. Paulo, Instituto Moreira Salles, 2009.

Cronologia da obra

OBRAS PUBLICADAS

A rua dos cataventos (1940)

Canções (1946)

Sapato florido (1948)

O aprendiz de feiticeiro (1950)

Espelho mágico (1951)

Inéditos e esparsos (1953)

Caderno H (1973)

Apontamentos de história sobrenatural (1976)

A vaca e o hipogrifo (1977)

Esconderijos do tempo (1980)

Baú de espantos (1986)

Da preguiça como método de trabalho (1987)

Preparativos de viagem (1987)

Porta giratória (1988)

A cor do invisível (1989)

Velório sem defunto (1990)

Água: os últimos textos de Mario Quintana (2001, póstumo)

Obra reunida

Poesias (Porto Alegre: Globo, 1962)

Poesia completa (Rio de Janeiro: Nova Aguilar, 2005)

Infantojuvenil

O batalhão das letras (1948)

Pé de pilão (1975)

Lili inventa o mundo (1983)

Nariz de vidro (1984)

Sapo amarelo (1984)

Primavera cruza o rio (1985)

Sapato furado (1994)

Traduções no exterior

Objetos perdidos y otros poemas (Buenos Aires, 1979)

Mario Quintana: poemas (Lima, 1984)

[Em antologias]

Brazilian literature (Nova York, 1945)

Poesía brasileña contemporánea (Montevidéu, 1947)

Antologia de la poesía brasileña (Madri, 1952)

Un secolo di poesia brasiliana (Siena, 1954)

Anthologie de la poésie brésilienne contemporaine (Paris, 1954)

Nuestra America. Antología de la poesía brasileña: cuadernillos de poesía (Buenos Aires, 1959)

Antologia poética de la poesía brasileña (Barcelona, 1973)

Las voces solidarias (Buenos Aires, 1978)

Índice de títulos

A adolescente, *104*

A bela e o dragão, *112*

A canção da menina e moça, *45*

A canção que não foi escrita, *21*

A ciranda rodava no meio do mundo, *212*

A companheira, *93*

A princesa, *127*

A vingança, *78*

Ananias, *167*

Antemanhã, *141*

Aparição, *110*

Apocalipse, *166*

Arte de fumar, *84*

As falsas recordações, *157*

Aventura no parque, *108*

Avozinha Garoa vai contando, *195*

Bar, *75*

Boca da noite, *131*

Calçada de verão, *148*

Canção azul, *25*

Canção ballet, *41*

Canção da aia para o filho do rei, *35*

Canção da chuva e do vento, *49*

Canção da janela aberta, *50*

Canção da noite alta, *27*
Canção da primavera, *19*
Canção da ruazinha desconhecida, *54*
Canção de bar, *38*
Canção de barco e de olvido, *63*
Canção de baú, *59*
Canção de domingo, *33*
Canção de garoa, *29*
Canção de inverno, *40*
Canção de junto do berço, *34*
Canção de muito longe, *51*
Canção de nuvem e vento, *30*
Canção de outono, *26*
Canção de torna-viagem, *37*
Canção de um dia de vento, *22*
Canção de vidro, *20*
Canção do amor imprevisto, *60*
Canção do charco, *47*
Canção do desencontro no terraço, *28*
Canção do dia de sempre, *43*
Canção do primeiro do ano, *61*
Canção do suicida, *46*
Canção dos romances perdidos, *57*
Canção meio acordada, *32*
Canção para uma valsa lenta, *58*
Canção paralela, *24*
Cântico dos cânticos, *122*
Carreto, *97*
Chão de outono, *77*
Cidadezinha cheia de graça..., *211*
Clopt! Clopt!, *91*
Comentário ouvido num bonde, *160*

Comunhão, *103*

Construção, *149*

Contigo fiz, ainda em menininho, *199*

Conto cruel, *182*

Cozinha, *133*

Crianças gazeando a escola, *181*

Crise, *87*

Cruel amor, *155*

Da cor, *150*

Da dúvida, *124*

Da humilde verdade, *129*

Da paginação, *72*

Da vez primeira em que me assassinaram, *205*

Das metamorfoses, *69*

Dentro da noite alguém cantou., *202*

Desespero, *175*

Deve haver tanta coisa desabada, *214*

Do inédito, *85*

Do sobrenatural, *174*

Do tempo, *125*

Dorme, ruazinha... É tudo escuro..., *190*

Dos velhos hábitos, *161*

É a mesma ruazinha sossegada, *197*

É outono. E é Verlaine... O Velho Outono, *219*

Entre as enormes ruínas, *184*

Envelhecer, *116*

Epígrafe, *71*

Epílogo, *113*

Escrevo diante da janela aberta., *189*

Esses inquietos ventos andarilhos, *206*

Está na mesa, *132*

Estampa, *180*

Este silêncio é feito de agonias, *201*
Estou sentado sobre a minha mala, *208*
Estufa, *107*
Eu faço versos como os saltimbancos, *198*
Eu nada entendo da questão social., *193*
Exegese, *117*
Fatalidade, *119*
Feliz!, *94*
Filó, *178*
Gadêa... Pelichek... Sebastião., *209*
Gare, *106*
Haikai da cozinheira, *134*
História, *163*
Horror, *82*
Inferno, *111*
Intercâmbio, *126*
Interlúdio, *140*
Janela de abril, *95*
Lá onde a luz do último lampião, *222*
Margraff, *162*
Mentira?, *136*
Mentiras, *135*
Meu trecho predileto, *88*
Minha morte nasceu quando eu nasci., *207*
Minha rua está cheia de pregões., *192*
Momento, *74*
Mudança de temperatura, *130*
Na minha rua há um menininho doente., *194*
Nem sabes como foi naquele dia..., *220*
Ninguém foi ver se era ou se não era., *213*
Noturno da viação férrea, *172*
Noturno, *137*
O anjo Malaquias, *185*

O cachorro, *128*

O cágado, *177*

O desinfeliz, *168*

O despertar do egotista, *143*

O despertar dos amantes, *144*

O dia abriu seu para-sol bordado, *203*

O espião, *109*

O estranho caso de Mister Wong, *76*

O lampião, *179*

O milagre, *70*

O misantropo, *169*

O paraíso perdido, *98*

O poema, *102*

O recurso, *165*

O sapo verde, *176*

O susto, *154*

O vento, *146*

Objetos perdidos, *80*

Olha! Eu folheio o nosso Livro Santo..., *217*

Os fantasmas do passado, *156*

Os máscaras, *101*

Os vira-luas, *73*

Ouverture, *142*

Paisagem de após-chuva, *89*

Parábola, *100*

Passarinho empalhado, *105*

Passeio, *147*

Pequena crônica policial, *55*

Pequenos tormentos da vida, *153*

Perversidade, *118*

Pés de fora, *138*

Prosódia, *90*

Provérbio, *81*

Puríssima, *79*

Quando a luz estender a roupa nos telhados, *215*

Quando eu morrer e no frescor de lua, *223*

Quando os meus olhos de manhã se abriram, *191*

Que bom ficar assim, horas inteiras, *221*

Que haverá no céu?, *121*

Quem bate?, *114*

Quien supiera escribir!, *120*

RBTD, *164*

Rechinam meus sapatos rua em fora., *218*

Recordo ainda... E nada mais me importa..., *196*

Reminiscências, *159*

Segunda canção de muito longe, *52*

Sinais dos tempos, *99*

Só para si, *92*

Sobre a coberta o lívido marfim, *216*

Solo, *171*

Sono, *139*

Tableau!, *173*

Telegrama a Lin Yutang, *86*

Topografia, *151*

Trágico acidente de leitura, *115*

Triste encanto das tardes borralheiras, *204*

Triste época, *83*

Triste mastigação, *170*

Tudo tão vago... Sei que havia um rio..., *200*

Velha história, *123*

Ventura, *158*

Viagem, *152*

Viração, *96*

Viver, *145*

Vontade de escrever quatorze versos..., *210*

Este livro foi impresso
pela Geográfica para a
Editora Objetiva em
agosto de 2012.